仅以此书向共和国致敬！

七十年 辽宁致敬

丁宗皓 刘玉玮 主编

辽宁人民出版社

图书在版编目（CIP）数据

七十年·辽宁致敬 / 丁宗皓，刘玉玮主编 .—沈阳：辽宁人民出版社，2020.6
ISBN 978-7-205-09883-4

Ⅰ.①七… Ⅱ.①丁… ②刘… Ⅲ.①辽宁—概况 Ⅳ.① K923.1

中国版本图书馆 CIP 数据核字（2020）第 067224 号

出版发行：辽宁人民出版社
地址：沈阳市和平区十一纬路 25 号　邮编：110003
电话：024-23284321（邮　购）　024-23284324（发行部）
传真：024-23284191（发行部）　024-23284304（办公室）
http://www.lnpph.com.cn
印　　刷：辽宁新华印务有限公司
幅面尺寸：185mm × 260mm
印　　张：14.75
插　　页：4
字　　数：228 千字
出版时间：2020 年 6 月第 1 版
印刷时间：2020 年 6 月第 1 次印刷
责任编辑：娄　瓴
装帧设计：丁末末
责任校对：耿　珺
书　　号：ISBN 978-7-205-09883-4

定　　价：98.00 元

目录

第一章 界献

第二章 逐梦

第三章 展翅腾飞

第一章

界·献

| 写在前面 |

一条线上的浩荡巨变

2019年，是新中国成立70周年。

在这一重大且关键的历史节点，我们的致敬，就从脚下这片土地出发。

一路上，观察的视角，与振兴对焦；踏访中，行走的步伐，与发展同调。

我们看见了变化，见证了奋斗，体会出幸福，也感受到希望。

俯仰之间，70年浩浩荡荡。

14.8万平方公里的辽沈大地，用翻天覆地的巨变，向祖国交上一份光荣的答卷。

我们将这份答卷铺展开来，用新闻人的笔触细细解读，以“七十年辽宁致敬”为名，把所见所闻、所知所感，都通过新闻特刊一一呈现。

这一系列的第一篇章，在漫长的省界线上落笔成文，名为“界·献”。

选择以边界开篇，原因有三：

其一，那里是振兴发展的重要色调。辽宁推动全面振兴、全方位振兴的成果如何，省界沿线上的一乡一镇、一人一事，点点滴滴的变化都是最生动的映射。

其二，那里是脱贫攻坚的主要战场。地处边陲地带，省界上的部分村落往往因区位、交通等因由，发展受到较大制约。要打赢全省脱贫攻坚战，在此发力，尤显关键。

其三，那里是自然人文的全面展现。古老的长城、茫茫的沙漠、纵深的峡谷、蜿蜒的江河，还有山峦起伏、海浪喧腾，辽宁的积淀和魅力，辽宁人的性格和气质，可一览无余。

与此同时，那些边界地区独有的多元、丰富、神秘、浪漫与传奇，那些最有辽宁味道、最具辽宁个性的风物民俗，也是我们从省界说起的重要缘由。

省界行的起点，在山海关。

出关口，向关东。

我们沿长城向西，沿沙带向北，沿山地向东，沿江河处向海中央……数千公里车程，经过一座座村落，沿途重点踏访了西北东南共10处具有代表性的乡镇村庄。

西线——从长城脚下的西沟村，到大峡谷旁的佛指山村，再到充满蒙古族风情的新爱里村。这条线与河北省和内蒙古自治区毗邻，文化深沉持久。

北线——从地处科尔沁沙地的北甸子村，到流传无数抗战故事的三江口村，再到“烧锅之乡”天德村。这条线与内蒙古自治区和吉林省交界，气质刚烈倔强。

东线——从古称“薰筏伙洛”的草市镇，到位于两国两省两江交会处的浑江村。这条线既有省界，也有国界，性格海纳百川。

南线——从辽宁最富裕的小镇之一海洋岛镇，到辽河入海口处的“辽东湾第一渔镇”二界沟街道。这条线有向海的开阔，有交融的胸怀，经济活力四射。

一程奔波，一程欣喜，一程收获。

当我们把海量的素材汇聚、梳理、提炼之后，笔尖自然流淌出一篇篇有温度、有态度的报道。

十篇文章，虽写不尽省界线上所有的人、事、物，但由点及面，概括地呈现出辽宁振兴发展的斑斓画卷和辽宁人拼搏奋进的幸福图景。更重要的是，展现了这片沃土对祖国最深沉的情感、最炽热的忠诚和最果敢的担当。

山海关，故事开始的地方

明洪武十四年（1381），中山王徐达在古渝关东六十里的地方驻足远眺，在这个北倚燕山、南连渤海的地方，徐达修建了一座此后举世闻名的关隘，因枕山襟海，是名山海关。

如今，它就矗立在河北省秦皇岛市东北15公里处，距离河北、辽宁省界最近的地方有6.5公里，在1990年以前，山海关一度被认为是明长城东端的起点。

昔日封将点兵的狼烟之地，如今满是烟火人间的气息。而山海关，被认为是辽宁关于长城的一切故事的起点。

从沈阳驱车赶赴山海关，到达已是傍晚，络绎不绝的游客来自全国各地，古树参天映衬着古老的关隘，“闯关东”纪念馆里有曾陪着主人翻越千山万水残破的瓷碗，长城博物馆里有古长城壮丽辉煌的前世今生。

《辽宁日报》记者赵雪登上“天下第一关”，
从这里起步，开始了辽宁省界之行

在山海关准备“办理”通关文牒

采访时，正值2019年暑期，山海关长城博物馆办公室副主任李解很忙，除了要筹备以“长城文化”为主题的大型展览，还要忙着接待每天到来的各种学生团队。孩子们对于长城有着深深的好奇和浓厚的兴趣。除了普及知识，李解更多地会向他们讲述“长城精神”：众志成城的爱国精神；坚韧不拔、自强不息的民族精神；守望和平、开放包容的时代精神。“对我们来说，万里长城的内涵是无比丰富的。”李解说。

在辽宁，从鸭绿江畔到辽西群山，蜿蜒崎岖的长城遗址随处可见，辽宁省是中国长城资源最丰富的省区之一。

气势雄浑的“天下第一关”匾

百年岁月悠悠，长城两端，“少时过桂岭，壮岁出榆关”的戚家军早已不在，“悠悠卷旆旌，饮马出长城”的李三郎也已随风远去，但长城留给人们的财富依旧厚重。而对于辽宁人来说，巍巍万里长城不仅仅是分隔两省的界线，更是他们心中的一处精神家园。

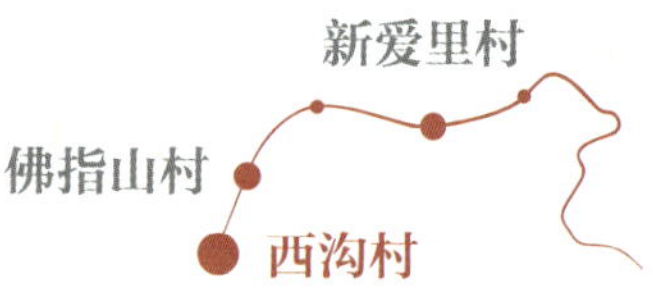

西线｜西沟村村事

在葫芦岛市绥中县的西南角，辽宁与河北的长城交界处，坐落着一座小村落——西沟村。十几年前，西沟村人迹罕至，但现在，这座村子已经是不少自驾驴友非常青睐的旅游胜地了。

咱们把长城守好，就是爱国

■ 国家级重点文物保护单位锥子山长城大毛山段位于辽宁省与河北省的交界处，长城的重要关隘——大毛山关就坐落在此段长城上。向东为西沟段、小河口段长城，向西为秦皇岛市境内的董家口长城。叶德岐所在的西沟村就在这段古长城的脚下。从20世纪90年代中期开始，叶德岐就担任西沟村党支部书记，一直到2014年。

爱国将领的后代

64岁的叶德岐略有些匆忙地拉开皮卡车的车门，又像想起了什么似的回头叮嘱了妻子几句，然后冲着笔者有些歉意地微笑了一下。因为有急事，他要去趟北戴河，正午驱车大概傍晚就能到。青灰色的公路绵延不绝，在路的尽头一头扎进一个小山村。这里是葫芦岛市绥中县永安堡乡西沟村，位于辽冀边界，距离河北省抚宁县董家口村有大概6公里的距离。

第二天，叶德岐才急匆匆赶回来，也许是太熟悉，叶德岐几乎不用怎么思考就能说出永安堡乡西沟村的概况：西沟村由7个村落、8个村民组组成，常住人口500人左右。

叶德岐说，西沟村其实是一个因修建长城而诞生的村落，村民大多是明朝

镜头

JINGTOU

此处，辽、冀两省以长城为界

长城上有访客

西沟村村支书叶德岐（右）向记者讲述西沟村的历史

修守长城的名将戚继光率领的戚家军义乌兵的后裔。400多年前，戚继光率领英勇善战的义乌兵，跋山涉水来到这里，修建长城，戍守边关。如今这一带的叶、金、曹、王、胡五大姓氏都是戚家军的后裔，叶德岐也是其中之一。

“咱们西沟村人过去大多靠种山楂树、栗子树、梨树为生。现在国家实施乡村振兴战略，农业转型升级，咱们农民的营生也多了，有的在家务农，有的出去打工，还有不少开农家院的。”叶德岐告诉笔者。

叶德岐家也开了农家院，而且是全村最早的农家院，名字叫“长城第一家”。叶德岐说，给农家院起名的灵感来自6公里之外的邻居——河北省抚宁县董家口村。

“2006年，有几个人来咱村拍长城，问有没有住宿的地方，结果没找到，他们就去了隔壁董家口村，那时候董家口村已经开了好几家农家院了。”叶德岐说自己当时还悄悄去董家口村“取经”，回来后就开了这家农家院。

“他们村（董家口村）姓王的也都是戚家军后裔，其实咱们两个村很多村民都算一家人，口音呀、生活习惯呀，几乎没什么区别，有事没事大家也爱互相串门。当初办这个农家院我在那个村的朋友就没少帮忙。”叶德岐说。

在叶德岐看来，因为这段长城，西沟村和董家口村的关系比别的村都要亲。

村民的共同使命

叶德岐说两个村至今仍保留着一个习惯：每到逢年过节，都要去对方村里庆祝一下，比如扭扭秧歌之类的。几年前，这些戚家军的后裔还相约一起去义乌寻根，叶德岐也去了。他给义乌亲人带的礼物，是一张自己亲手拍摄的西沟村长城的大照片。叶德岐说，在这里，长城是所有人的骄傲，连接着祖先的血脉，也关系着每个人的未来。保护和宣传古长城，是长城两侧所有村民的共同使命。

4年前，叶德岐当上了长城义务保护员。几天前有村民举报，说看见有人偷山头长城敌楼上的砖。采访这天，叶德岐叫上董家口村的长城义务保护员老张，带着笔者一起上山去查看情况。“这片的长城我几乎走遍了，以前总有来偷砖、偷长城文物的，我和老张商量觉得这事可不行，几百年历史的老物件了，

西沟村村里的围墙也是长城的样子

西沟村的民宿经济虽然起步晚，但发展很快。
这处民宿是由村里的旧小学改造而成，很有特色

这砖半块也不能动。”叶德岐一边说一边顺手捡垃圾，“现在咱们这儿的长城出名了，来的人也多了。过去有的人不懂长城的价值，盖房子都会来搬长城的砖，这些年可不一样，大家都保护得紧呢！”住在叶德岐家农家院的游客都喜欢跟叶德岐上山，听他讲长城的故事和保护长城的重要性。

绥中长城沿线，大约每隔一公里多一点就有一位长城义务保护员。西沟村所在锥子山长城段约4公里长，有3名长城义务保护员。组织这项工作的单位是绥中县文化旅游事业服务中心。笔者了解到，担任长城义务保护员需要三个条件：第一，居住地靠近长城；第二，热爱长城，具备较强的长城保护意识；第三，身体素质好，因为需要经常上山爬长城。

远山微云下，长城的影子若隐若现。山脚下一辆载满木材的拖拉机正驶过公路旁的界碑，几个孩子在为迷路的背包客指路，老张和叶德岐仔细检查着敌楼附近散落的古砖，表情严肃而认真。

长城也是金山银山

一起来西沟村的还有中国长城学会会员、长期从事长城文化保护和研究工作的王云刚老师。笔者请他为当地村民介绍一下中国长城的历史。

听说有搞学问的人来，不少村民都赶到了叶德岐家的农家院，还有几位是董家口村的村民。大伙儿都想听听课。

“别看咱们是农民，可也懂得‘知识就是力量’的大道理。”叶德岐的儿子边给大家倒水边对笔者说，“来长城的游客越来越多，咱村得抓住这个机遇，好好发展旅游经济。必须多了解长城的历史，人家游客来了，肯定乐意找懂得多的人当导游。”

西沟村的长城被誉为“最美野长城”，每到节假日，叶德岐家门前就会变成拥挤的停车场，最多的时候他家农家院招待了整整180人。

收入多了，叶德岐很高兴，但他有时也会感到焦虑，“我们希望有更多的

绥中县长城保护研究专家王云刚（左一）说，西沟长城是辽宁目前保存最完好的一段明长城，不仅以险峻而号称一绝，而且敌楼建筑也是别出心裁

人来，来了解长城，了解长城文化，但也担心长城被破坏，希望大家都能珍惜、保护长城。习近平总书记说，绿水青山就是金山银山。这长城也是金山银山呀，不仅是咱们西沟村人的财富，更是所有人的财富。”

“朝挽强弓暮事炊”的故事早已结束，但对于这些生活在长城脚下的村民来说，长城的故事永远不会结束。“这附近有一座敌楼，叫媳妇楼，据说当年是王月英戍守的。戚继光还题写过‘忠义报国’四个字的牌匾。据说，以前关内关外的人路过这里，都会整理衣冠，打起精神，所以这里才被叫作正冠岭。我们守在这儿，也要有那股子精气神。”叶德岐搓了搓有些爆皮的手，停顿了一下，然后说，“咱们在这儿，守好长城，就是爱国！”

叶德岐说，“十一”临近，游客会越来越多，他要在院子里升面国旗，“庆祝咱们新中国成立70周年！”

簇新的省界碑一面写着辽宁，一面写着河北。山风吹来，村里的炊烟歪向一边，远处山岭上古长城淡下去的轮廓，就像墨水洇化在水池里，让人忘记了曾经的界线。

绥中县永安堡乡西沟村与河北省交界处的界碑

老杨指路

LAOYANGZHILU

15年前，笔者第一次自驾到绥中县永安堡乡，在当地老乡的指引下曾经登上西沟长城的敌楼并露宿了一夜。印象最深的是，在西沟长城上看日出的景象，十分震撼。来接我的老乡说，当地交通不便，外人很少来，“在你之前住过这座敌楼的人，可能只有清朝守军了。”

15年前，要去西沟村非常困难，狭窄的沙石山路，各种急弯陡坡。当时我开的是切诺基越野车，在四驱全开和发动机全力嘶吼声中才艰难地爬到西沟长城脚下，停车调头十分危险，手机根本没有信号。

现在，再到西沟村，不仅柏油马路畅通、网线 Wi-Fi 齐全，很多村民家还装了空调等各种现代化设施。这里再不是曾经那座偏僻的小村庄了，村里的老人也都感叹日子越过越好。

想去西沟长城一游的朋友，不妨就住在西沟村里，因为那里推开窗户就能望见长城。

西沟长城日出

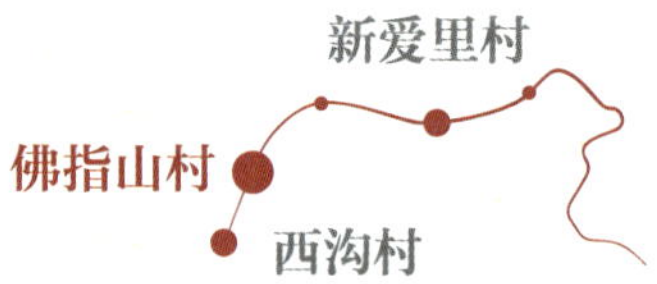

西线｜佛指山村村事

老大杖子乡在葫芦岛市建昌县西岭之上，界临河北省，号称“北方小西藏”。

佛指山村是老大杖子乡下辖的一个村。从佛指山村出发，翻过龟石岭，就到了河北省青龙满族自治县的土门子镇景杖子村。

路修好了，游客每年多三成

■ 蜿蜒的青龙河，连接辽宁与河北两省。葫芦岛市建昌县老大杖子乡，地处辽宁边陲，山高林密，境内平均海拔617米，是名副其实的县境脊梁。在这里，龟石岭是辽、冀两省的一道天然分界线。龟石岭在佛指山村的西面，这座村庄被毗邻的河北省土门子镇景杖子村村民称作“岭上”。

“守边之地”也是革命老区

夏天的太阳晒得人昏昏沉沉，佛指山村党支部书记王国军的白衬衫上有微微的汗渍。村里正计划租50亩地种丹参，增加集体收入，王国军着实有些忙。

“老大杖子这个地方历史很悠久，据说明朝永乐皇帝朱棣为感谢帮助他夺取皇位的蒙古骑兵，曾将这块地封赏给他们，后来一位蒙古王受清朝皇帝派遣，带军队来到老大杖子乡一带驻营守边，就有了最初鞑靼障子这个地名。”王国军说，“这里还曾是中共热东地委所在地，辽西农村地区的第一个党小组就是在这里诞生的。”

龟石岭在佛指山村的西面，一块老旧的界碑矗立在那里，对面就是河北的土门子镇。

“由于地势的原因，我们当地人都习惯叫那边岭下，他们管我们这里叫岭

镜头

JINGTOU

省界处山间蜿蜒的公路

俯瞰龙潭大峡谷

老大杖子乡与河北省交界处的老界碑

上。”王国军说，“这条路曾经是建昌去北京的唯一通道。”

据说，龟石岭原来有两个不知何时留下的石龟，雕工精致，惟妙惟肖。王国军说，村里流传着一个传说：汉代著名政治家、军事家管子在游历时曾路过此地，无意间看到两块石头的形状很像龟，于是给这个地方起名叫龟石岭。

现在，龟石岭就是辽冀两地的一道天然分界线。

省界线上有“名酒”

佛指山村的老支书薛子斌70岁了，是共和国的同龄人，当过老师，做过会计，种过地，也开过砖窑，曾三次担任村支书。这些年，村里点点滴滴的变化他都看在眼里。

12年前，薛子斌自己种了点高粱，吃不完怕浪费就琢磨着酿酒，对面景杖子村的朋友刚好来串门，就带了点回去，隔天就又来找薛子斌要。

纯纯的高粱酒清香四溢又不上头，一来二去，他的高粱酒成了省界线上盛行的“名酒”。现在薛子斌每年要烧制一吨多高粱酒，却依然供不应求。

佛指山村的老支书薛子斌

其实，两村互相做买卖这事，早不是一天两天了。

20世纪60年代，赶大集是两村最热闹的事。薛子斌说，那时候村民们背着小筐去赶大集，很多水果蔬菜还有牛羊都会去对面村买。“他们从我们这边买过去的大多是粮食、猪崽，还有咱们这地方盛产石灰石，很多河北的村民来这边买石灰。”薛子斌说。

几十年过去了，直到网购盛行的今天，这种传统的交易方式仍然没有改变，反而更频繁了，品种也更多样了。“现在逢五逢十逢三逢八都有大集。”薛子斌说。

随着国家的农村政策越来越好，佛指山村逐渐有了自己的产业，例如月饼厂，薛子斌说，很多河北人会来买月饼，村里自产的豆包也很受欢迎。

频繁的交流不仅限于商品，还有文化。逢年过节，老大杖子乡都会组织秧歌队去对面演出，有时也会演皮影戏，而对面也会派出一队唱评剧什么的。薛子斌也会唱几段评戏，他最喜欢《珍珠衫》：“这一箱金银首饰光闪闪，那一箱绫罗绸缎色色鲜……”

农民当起景区“服务员”

因为交通尚不算特别便利，老大杖子乡依然属于贫困地区，佛指山村的“第一书记”李青春刚到村里的时候，村集体经济一片空白。为了打赢脱贫攻坚战，李青春做了许多工作。笔者在村里看到不少宣传板报，都是李青春自己动手设计制作的。李青春说，村干部要树立一个好形象，村民才有更多精气神。

佛指山村不远处，是有辽西第一大峡谷之称的“龙潭大峡谷”。这个地处辽宁葫芦岛市、朝阳市和河北秦皇岛市两省三市交界地带的大峡谷有个别名，叫“北方小西藏”，22岁的小弓是这里的工作人员。

随着交通条件逐步改善，自2003年龙潭大峡谷景区对外营业以来，游客数量以每年30%以上的比例递增。尤其是2017年景区建成东北第一座悬索结构玻璃桥后，游客数量更是翻倍增长。景区越来越红火，还解决了当地50多名农民的就业问题。在景区上班的除了辽宁人，也有河北人。“因为距离比较近，我们

驻村“第一书记”李青春（右一）给村民讲述2019年党的扶贫政策

每年都会接待很多河北游客。”小弓说，游客越来越多，景区也开始逐步修缮。

当地老百姓很纯朴，有的在景区里卖山梨、桃子等野果，偶尔还有卖榛子的，价格很便宜，矿泉水背到谷底也不过两元钱。“我们都希望让大家看到辽宁最美的样子！”小弓说，“现在不是都说要建设美丽乡村吗，咱们把景区的硬件建设好，服务做好，就是为乡村振兴做贡献，让更多的人愿意上咱们这儿来！”

临走时，薛子斌准备了几十瓶新酿的高粱酒，准备送到景杖子村，佛指山村里又有一个姑娘嫁到了那里，几天之后就办婚礼了。

过去踩着河套石头走的日子一去不返，这个辽西的小村庄因为地处省界而有了属于自己的独特气质。他们努力追寻着幸福生活，也塑造出了辽宁人最朴实美好的样子。

景区解决了不少村民的就业问题

老杨指路
LAOYANGZHILU

几年前，我曾到老大杖子乡杏花村西三道沟自然屯采访，后来写了一篇整版报道，题目是“渴望走出大山”。当时，那里不通公路，孩子们不得不翻山过河去上学。

大约1个月前，当我再次来到老大杖子乡时，不仅为这里畅通的公路和村民的笑脸所感动，更为这里的绿水青山所震撼。

身为辽宁人，我竟是第一次来到绝美的“龙潭大峡谷”。这处峡谷总长52公里，有数不清的分支峡谷，集山、水、洞、石、瀑、峡景观为一体，空中俯视峡谷的喀斯特地貌，颇有桂林山水的风采。

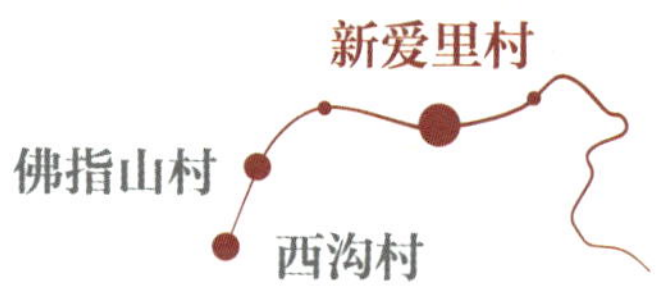

西线｜新爱里村村事

老哈河畔，有一个充满浓郁蒙古族风情的村庄，名叫新爱里村。在这里，80岁的汪文看着村里一天比一天好，蒙古语老师王海峰每天过着忙碌的跨省生活，隔河相望的两所小学正热热闹闹地筹备着国庆演出。

养牛育羊，老哈河畔富了

■ 朝阳市建平县三家蒙古族乡新爱里村与内蒙古自治区宁城县天义镇，隔着一条老哈河，咫尺相望。2004年与七家村合并后，新爱里村的人口数从1630变成了2506。新爱里村的蒙古族村民占全村人口的30%，蒙古族文化浓郁。村子里养殖业搞得风生水起，老百姓的日子过得一天比一天好。

蒙古族文化深厚

新爱里村村支书吴海峰

三家蒙古族乡曾是辽朝腹地，清朝时归属蒙古喀喇沁部。村东北1.5公里处龙旦山下，有一座喀喇沁右旗历代扎萨克及其亲族之陵园。深厚的蒙古族文化底蕴在这里表现得十分明显，村里的围墙上到处都是青草、蓝天、牧马、放羊的图画。

新爱里村的支柱产业是养殖业，村支书吴海峰说："全村养殖大户有100户。国家实施乡村振兴战略，好政策带来了

镜头

JINGTOU

一河之隔，东面（画面右侧）是三家蒙古族乡，西面（画面左侧）是内蒙古自治区宁城县

三家蒙古族乡大集吸引着两省（区）交界处的乡亲们前来聚会

新爱里村村民汪文

好变化。咱们村就是例子。现在全村牛存栏3200余头，羊5000多只，很多村民靠着养殖业脱贫致富了。另外还建起不少家庭农场，收入也不少。”

年近80岁的汪文是村里的蒙古族老人之一。他说，自己是守陵人的后裔，村里很多人都是守陵人的后人。汪文见证了新爱里村的变化，老人拉着笔者的手说：“新中国成立70周年，你们给咱村好好写写，这70年，变化可太大了。”汪文对修路这件事特别感慨，“以前下雨出门，满腿泥水，现在村里都是水泥路了，还建了文化广场，还有健身器材。没事的时候，我就去广场坐着，看年轻人扭秧歌。”

距离新爱里村不远的宁城县天义镇，清朝时属于喀喇沁中旗。汪文说：“我在宁城有亲戚。从我们村出发，大概走14公里。大伙儿常来往。”

交流无“界限”

新爱里村的大集，吃喝用一应俱全。以前没有桥，天义镇人过来赶集得找水浅的地方，蹚过老哈河。现在有桥了，叫三宁桥，两地来往方便了许多。桥建成前，开汽车得绕行5公里。如今跨桥路程才500米。这两年，三家蒙古族乡在三宁桥附近新建了100余栋高层住宅，值得一提的是，这些住宅楼里的居民有60% 来自宁城县。

天义镇也有自己的市集，新爱里村的蒙古族村民也常去那边逛，尤其喜欢买当地新鲜的马奶酒、香甜的乳酪，还有刚出锅的炒米。汪文说，他一直想去内蒙古自治区买一件地道的蒙古袍，但愿望还没有实现。

除了赶大集，每年四月初二和十月一日，不少蒙古王族后裔会到新爱里村的蒙王陵祭祀。天义镇也有很多人来。活动期间会有各种摔跤、赛马比赛，有时还会有“十王会”的演出。“十王会”又称双会、经会，是源自喀喇沁王府的演奏技艺。采访这天，村党支部书记特地把村里的“十王会”乐队找来，不过，因为临时召集，原本12个人的乐队只找了6名。毛头纸抄录的乐谱在蒙王陵百年古树的松涛中微微颤抖，汪文搬了个小板凳，闭着眼睛仔细辨别云锣和小钹、大钹的声音。中原文化和草原文化在这里交融、碰撞，持续至今。

每天跨省上班

三家蒙古族乡小学建在老哈河畔，51岁的王海峰是学校的民族教育业务主任，负责蒙语文教学。王海峰是地道的蒙古族人，家乡在内蒙古自治区锡林郭勒盟，现在他住在宁城县县城，每天经过三宁桥，到辽宁这边来上班。

三家蒙古族乡是建平县唯一的蒙古族乡，域内有富和小学、新爱里小学、五十家子小学三所蒙古族小学，因为毗邻内蒙古，新爱里村的三家蒙古族乡小学有着得天独厚的优势，而学校也将这种优势发挥到了极致。

大集应有尽有

家住内蒙古自治区宁城县的王海峰，每天到辽宁省三家蒙古族乡小学任教

三家蒙古族乡小学的教学楼是三色的，象征草原、蓝天、白云。操场上还有几个蒙古包，学校里有“民族墙”，用蒙、汉两种文字介绍蒙古族民俗、民风，教学楼后面的“文明湖”南、北两侧分别雕刻着“传承中华文明”六个大字。学校开设蒙古语班、蒙古族书法班，还有马头琴乐队，甚至还会让学生们在操场上的蒙古包里模拟学烤肉。

学校经常和宁城县的小学交流，两边的老师建了一个微信群，方便互传信息。

在王海峰看来，文化的延续性在于继承，文化的包容性在于开放，文化的生命力在于创新，在这个地处两种文化交汇点的地方，传承和发展就显得更加重要。“我记得，不久前习近平总书记说，中华文明植根于和而不同的多民族文化沃土，要重视少数民族文化保护和传承。”王海峰认为，新中国成立70年来，我们国家在多民族文化传承和保护方面做了很多工作，成就辉煌。

说到兴起，王海峰教笔者说起了蒙古语。

王海峰说，两地的学校合作举办2019年国庆期间的大型文艺演出，“每年国庆都有演出，2019年尤其重要。我们希望孩子们通过演出来表达爱国爱家的情怀。”

老杨指路
LAOYANGZHILU

“其赛白努”，是蒙古语“你好”的意思。

在三家蒙古族乡采访期间，我学会了一句蒙古语，还跟乡亲们一起赶大集，听孩子用马头琴演奏《嘎达梅林》《鸿雁》《蒙古人》，一碗浓浓的奶茶让人回味无穷。

三家蒙古族乡小学的马头琴乐队一共有 18 位学生，一半是蒙古族，一半是汉族

想不到在我们省内的边陲乡镇，有这样韵味十足的蒙古族风情，让人仿佛来到了可以扬鞭纵马的大草原。

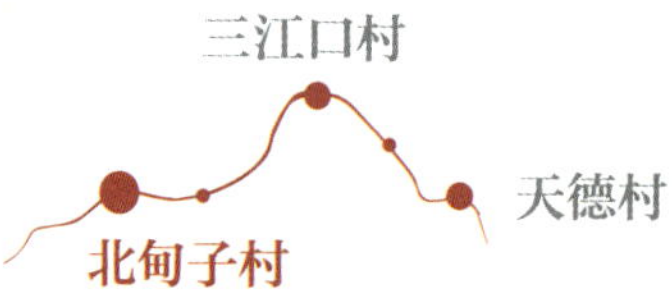

北线｜北甸子村村事

阜新市彰武县阿尔乡镇北甸子村曾经饱受风沙侵扰。

北甸子村人像挺拔的樟子松一样，与恶劣的环境抗争，凭借顽强不息的韧劲，用几十年光阴筑起了绿色长城。

如今，这里再不见黄沙遮日。村子里一片郁郁葱葱。

用几十年光阴
筑起一道边界林

■ 在阜新市彰武县阿尔乡镇北甸子村与内蒙古自治区通辽市科尔沁左翼后旗的交界处，有一片边界林，一棵元宝枫矗立在这里已经300多年了。风沙肆虐的年代，往返于两省（区）之间的旅人将其视为路标，看到它就是找到了回家的路。每到秋季，元宝枫一片火红，本地居民都亲切地叫它大色树。

沙海变绿洲

北甸子村村支书邢守龙

63岁的邢守龙是北甸子村党支部书记。在整洁的村委会办公室里，邢守龙一点一点描绘着北甸子村的前世今生。

北甸子村三面接壤内蒙古，紧邻科尔沁沙地南缘，全村304户、820多口人。

出了边界林，有一条弯弯曲曲的小道，走上三四公里，就到了通辽市科尔沁左翼后旗的潮海村闫家窝堡，再走20公里是甘旗卡镇。邢守龙说，因为距离近，很长一段时间，北甸子村村民就医、

镜头

JINGTOU

彰武县阿尔乡镇 304 国道与内蒙古交界处

北甸子村的边界林

2005 年春，北甸子村植树的村民

孩子上学都去甘旗卡镇，甚至村里出现火情也是找甘旗卡镇的消防队。

每到草绿时节，两省（区）交界的地方便会出现牛羊满地的盛景，“有时候对面牧民家的牛会跑到我们这边吃草。”邢守龙说。

和如今到处郁郁葱葱相比，20世纪90年代的北甸子村是另外一番景象。邢守龙说：“我们这里三面被科尔沁沙地包围，过去村里连一棵大树都没有，也没有像样的路，风沙太大，汽车都不通，村民的房子经常会被沙子埋一半，出行十分困难。”邢守龙讲了个故事，当年村里有一名村民，雇马车拉了10头自己圈养的肥猪准备去甘旗卡镇售卖，结果因为路不好走，到甘旗卡镇的时候，10头猪晒死了8头。

“其实这个地方以前不是这样，历史上曾经是水草丰美的牧场，后来由于战乱、过度砍伐、自然灾害等原因才变成沙地。”邢守龙说，“因为不适合居住，上级部门曾经建议全村整体移民。但大伙儿都舍不得离开，决定留下来，改变这里。”

治沙能致富

1978年，彰武县被列入“国家三北工程建设重点县”。1985年初，阿尔乡村民王振海第一个以个人名义与乡畜牧场签订了造林合同。合同写明造林面积为1000亩，造林处位于北甸子村马家屯东北1公里处。当时那片土地全是沙包。34年来王振海和老伴儿李淑云植树超30万株，成活超15万株。

王振海家有一把近9公斤重的大铁锹，他和老伴儿就是用这把铁锹把树苗一棵一棵地种进茫茫沙地之中。现在，王振海和李淑云家周围是一大片樟子松林。王振海说，到了松花粉飞舞的时节，这片林子美得让人窒息。

北甸子村里几乎家家都种树，和早些年不一样，现在种树不仅为了抗风沙，也跟收入有关。沙棘和果树代替了曾经的杨树、松树。沙棘果可以做果汁，沙棘油价格昂贵，防风治沙和脱贫致富就这样紧密联系在了一起。

几十年努力，成果显著，一条长约15公里、宽约3公里的三北防护林带将北甸子村与科尔沁沙地隔绝开来，风沙难入。

村民王振海（左）和老伴儿李淑云在这里种树 34 年吃尽了苦头，
终于把大片沙包变成了郁郁葱葱的树林

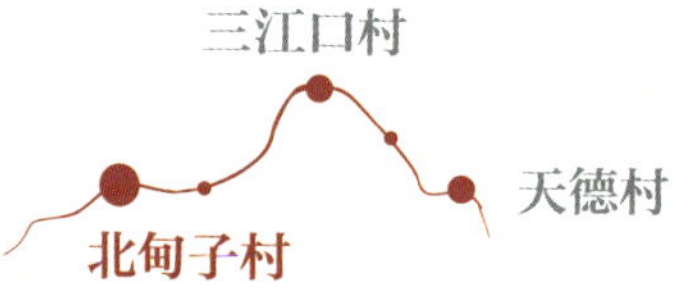

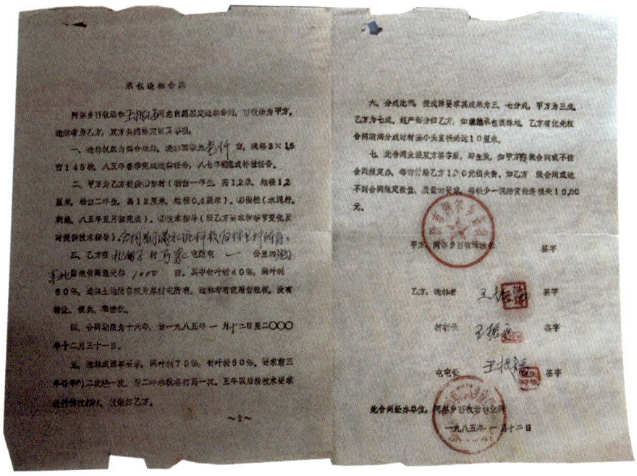
承包造林合同

一九八五年一月十二日

王振海 34 年前签下的造林合同

北甸子村村民陈桂香的老家就在边界林的对面——科尔沁左翼后旗的闫家窝堡。她嫁到辽宁，有十几年了。“以前回娘家特别难，路不好走，风沙又大，现在好多了，到处绿油油的，心情也好很多。”陈桂香家也种了不少杨树，她打算都换成沙棘。

村里几位护林员时常骑着马在边界林周围巡视，见到在两省（区）间穿梭的村民，他们熟络地打着招呼。

根据资料显示，国家实施“三北”工程后，彰武林业用地面积从78万亩增加到205万亩，森林覆盖率从14.2%提高至34.5%，年均扬沙天气减少至9天，年增产粮食11亿公斤，牛、羊、猪的饲养量由新中国成立初期的14.1万只增加到了451万只。

不服输的“樟子松”

北甸子村有很多养牛大户，李万权是其中最出名的。采访这天，李万权刚刚从通辽市运回几十头牛犊，一进村，水都顾不上喝就把牛挨家挨户送给村民。

李万权的权超肉牛养殖合作社帮助全村好几个贫困户脱了贫，也让北甸子村成为远近闻名的品牌育牛村。

李万权的父亲就是村里的养殖专家，小时候他经常跟着父亲去对面的甘旗卡镇买牛，也跟着内蒙古自治区的牧民学习养牛知识。2013年李万权贷款建了一座肉牛养殖场，到2016年他成为远近闻名的养牛大户，他养的牛销往全国各地。

“以前咱村就有很多养牛的村民，但大多是散养。”李万权觉得这不是个办

护林员李东魁用大半生守护这片珍贵的樟子松林

阿尔乡林业站站长李占勇(右一)到北甸子村与村民一起探讨如何防风固沙

李万权（左）帮助村里贫困户脱贫致富

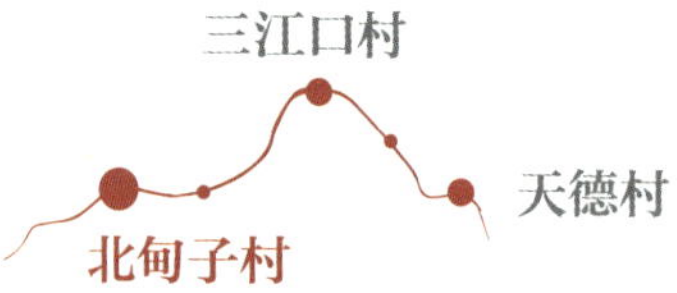

法，2016年他主动为村里24户贫困户提供担保，帮大家搞起了肉牛养殖。

“现在养牛政策比以前更好了，养牛政府有补贴，饲料也有补贴。”李万权说，以前因为穷，村民家的孩子念书都得出去借钱，结不起婚的小伙子比比皆是，如今贫困户靠养牛平均收入都在5万元左右。

李万权最大的愿望是将北甸子村的肉牛养殖形成一个产业，他想在北甸子村和内蒙古自治区甘旗卡镇交界的地方建一座大型肉牛交易市场，两省（区）的牛肉交易都在那里进行。

平时忙着养牛，李万权总是奔走在辽宁和内蒙古自治区之间，很少有时间出去走走。他说国庆打算给自己放几天假，约上村里几个养殖户，一起去北京旅游，“新中国成立70周年大庆，北京一定热闹极了，咱们都想去看看。”

风沙吹满头的日子已经成为历史，这座边界小村庄漫山遍野的樟子松林正在编织新的未来。李万权说，樟子松有个特点，越是在风沙肆虐、干旱少雨的恶劣环境下，越是长得郁郁葱葱、挺拔直立。他说，这很像北甸子村的村民，在这里，顽强生长，用自己的辛勤和汗水，展示辽宁人最坚强的倔强。

老杨指路

LAOYANGZHILU

北甸子村这个地方，我去过不下三次。

在彰武县阿尔乡镇北甸子村，两省（区）交汇处以林为界，
北甸子人用几十年的努力建起了绿色屏障

那里是省内颇为偏远的村落，当地老百姓用几十年的光阴不懈努力，建起绿色屏障、阻挡风沙侵袭的故事传遍了省内外。

尽管对它十分熟悉，但这一次，因为有了无人机航拍的视角，我再一次被深深地震撼：北甸子村与内蒙古自治区交界处的边界林一直向地平线延伸，从百米高空俯视下去，林木茂密的一面是辽宁，另一面植被稀疏。据说到了冬季，这种视觉上的差异更为明显，因为那时草和小灌木均已枯萎，大树却依然挺立。

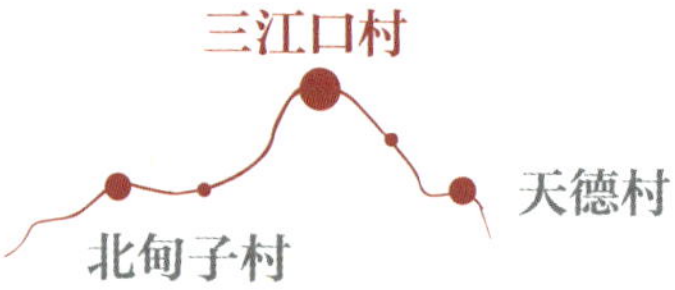

北线｜三江口村村事

铁岭市昌图县三江口镇三江口村位于我省最北部，是辽宁、吉林、内蒙古三省（区）交界处。三江口村村头的辽河上，一座木质的浮桥轻松连接两岸。这里的界碑都是三棱柱形的，新新旧旧矗立在河边的玉米地旁。

村民自筹资金
为先烈建纪念碑

■ 三江口村党支部书记徐丹最宝贝村头的几块界碑。界碑上标注的立碑时间分别为1991年、2012年和2017年。碑身均为石材三棱柱形，碑的三个侧面分别指向辽宁、吉林和内蒙古。在徐丹看来，这几块界碑不但代表了三江口村独一无二的位置，也代表了三江口村的历史。

界碑很特别

村支书徐丹

“三江口原名后大明屯。”徐丹说。

据说清光绪年间大雨肆虐，东辽河泛滥，洪水淹没了右岸的良田和房屋，内蒙古自治区科尔沁左翼后旗的三江口地区受灾严重，无家可归的三江口人纷纷渡河到左岸的后大明屯定居。后来，后大明屯改名为三江口，沿用至今。

站在辽河边，右手边是吉林，左手边是内蒙古，一回头就是辽宁。

64岁的村民老马说，这里以前叫三

镜头

JINGTOU

画面中辽河右侧为辽宁，左上为吉林，左下为内蒙古

由三根巨大树形水泥柱支撑起的十几米高的三省界牌

浮桥上可以通行小型车辆

角口，后来叫着叫着就成了三江口。

“没修新桥之前有一座旧桥，是日本侵略者占领的时候修的。”老马说，“离这儿最近的两个村是吉林双辽的红伟村，距离1.5公里，和内蒙古科尔沁左翼后旗的老三江口，距离也是1.5公里。2011年，我们这儿修建了新的铁路大桥，几个村的村民自发在河上修了一座浮桥。我女儿嫁到对面村就是走的这座浮桥。”

因为地处辽吉蒙三省（区）交界，这里一直是军事要地。

日伪统治时期，为了反抗侵略者的奴役，三江口人和其他两省（区）的村民一起，多次配合义勇军与敌人展开浴血奋战，涌现出很多战斗英雄。

这里是名副其实的英雄之地。

记住英雄们

界碑旁边有一座高大的纪念碑，村民张艳生没事就会来这儿看看，因为

三江口村的英雄纪念碑

这座英雄纪念碑是他自掏腰包修建的。

“村里流传着很多英雄的故事，我从小听到大。”张艳生说，这些英雄除了有本村人，也有附近两省（区）的人，他们也牺牲在三江口。

一次张艳生看电视，看见习近平总书记向人民英雄纪念碑敬献花篮，他被那个场面深深震撼了。

“我当时就想，自己这些年开饭店赚了点儿钱，这都是归功于国家的政策好，我希望自己能做点儿什么来回报社会。”张艳生说。

10米高的纪念碑上写着“革命烈士永垂不朽”8个大字。纪念碑建成后，很快便成为当地中小学生开展爱国主义教育的重要基地。“附近几个村的村民也时常来搞纪念活动。”张艳生说。

除了纪念英雄，邻省（区）村民常来三江口村的另一个原因是这里的菜好。

美丽的三江口村，苞米长势喜人

三江口村美丽的林荫道

三江口村有村民2890人，有7200亩地，大部分村民务农，种植蔬菜特别多，“我们这里作为著名菜乡已经有近50年的历史了。”徐丹说。

村民老梁家种了些蒜苗和黄瓜，“隔壁村的常来我这里买菜，价格便宜，质量又好。”村民老薛种的是西红柿，一个大棚一年能产1万公斤西红柿，两个大棚能卖6万元左右，如果行情好还能卖得更多。

辽吉蒙交界处蜿蜒的辽河

在三江口村时常能见到系着头巾、肤色黝黑、风驰电掣驾驶着拖拉机的女司机，“咱们村里的‘女汉子’特别多，勤劳能干，性格又大气。”徐丹打趣地说，“鸡鸣三省，犬吠四县，可能因为地处三省（区）交界，村民的性格都特别敞亮、大气。”

用二人转歌颂祖国

49岁的于昌国是三江口一带有名的才子，他最大的爱好是唱二人转，不仅唱，还写。“我姑姑是吉林省出色的二人转老艺人，我从小就喜欢二人转。”于昌国说。

虽然没有专业学过，但于昌国唱起二人转来有板有眼。从20世纪90年代开始，他就常到隔壁村演出，十分受欢迎。于昌国的妻子也是二人转爱好者，两人经常一起演出。

于昌国喜欢文学，虽然只是初中毕业，但他勤奋好学，通过函授取得了武汉教育学院文学学士的学位。几十年来，于昌国写二人转有个特点，他特别喜

于昌国穿上新演出服，给老少爷儿们唱了一段

欢写爱国主义题材的戏，例如为庆祝中华人民共和国成立创作的二人转《千秋颂》，为纪念抗战英雄写的《十绣将军谱》，等等。“我去几个村演出，效果很好，大家都喜欢听。”于昌国也紧跟时代，他在几个短视频平台上注册了账号，专门上传自己的二人转作品，粉丝还不少。

2019年是新中国成立70周年，于昌国准备创作一部歌颂乡村振兴的二人转作品。采访当天正巧碰上于昌国新订的演出服送到了，白底的绸子布上面绣着红色的龙凤，于昌国喜欢得不行。在他看来，这红色的龙凤就象征着红火的日子。

老杨指路
LAOYANGZHILU

这次省界行，我在三江口看到了最特殊的界碑，确切地说，是三块不同年代的界碑。界碑上标注的立碑时间分别为1991年、2012年和2017年。碑身均为石材三棱柱形，碑的三个侧面分别指向辽宁、吉林和内蒙古，给人留下深刻印象。

在界碑靠近铁路100米处还有一座由三根巨大树形水泥柱支撑起的十几米高的三省界牌，也分别标注了辽宁、吉林、内蒙古三省（区）名称。

这些省界线上的标识，凸显了这个三省（区）交会处的特殊位置。

1991 年版本
的界碑

2012 年版本
的界碑

2017 年版本
的界碑

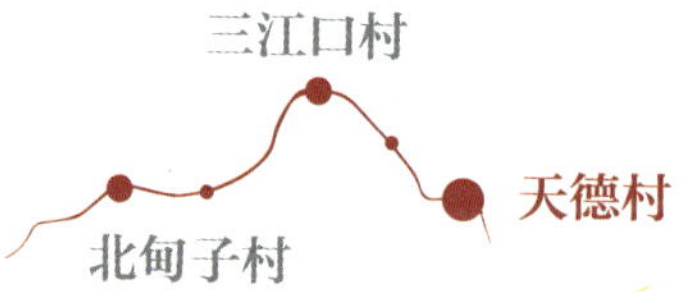

北线｜天德村村事

在铁岭市西丰县北部，有一座小村庄，叫天德村。天德村是两省四县七个乡镇的中心点，四梅铁路与303国道在这里交叉穿过。很多村民每天来往于辽、吉两省之间。

跨省送外卖，几分钟就到

■ 天德村是传说中的“六山半水三分田、半分道路和庄园”的半山区村庄。这里是西丰县人口资源、土地资源最为丰富的乡镇之一，也是交通最便利的地方之一。当地人都说，天德村是块宝地。

烧锅之乡

雨后的天德村道路干净，空气湿润，董振在这儿干了10年村党支部书记，对村里的一草一木都相当熟悉。

在董振看来，天德村是一块宝地，“这地方是有历史的。有史料记载，清光绪年间，有人在这里开烧锅，取名天德泉，后来这地方就叫天德村了。”董振说。

“我们村紧邻吉林省四平市铁东区石岭镇姜家洼村，连接两村的是一条长约1.5公里的乡路，交通十分通畅。”董振说。天德村有耕地5817亩，人口2200人。“这里也是西丰的重要粮食产区，种的大多是玉米，年产量近450万公斤。另外，国家实施乡村振兴战略，咱村借政策的东风，农业产业化发展也很迅速，中草药种植达3500亩，保护地开发4590亩，榛子园3400亩，鹿饲养量4627只。”董振如数家珍地说着天德村的“老底儿”，脸上写满骄傲。

镜头

JINGTOU

俯瞰省界处的二龙湖水库

说起这些年村子里的变化，村民们感触颇深

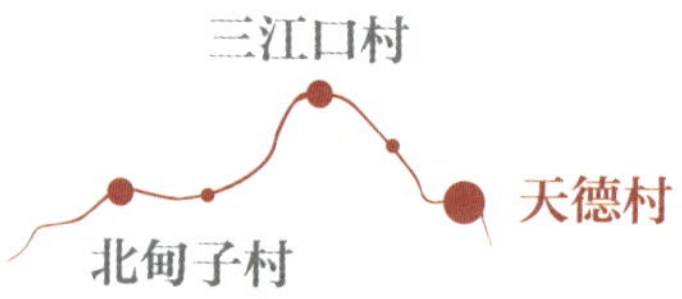

说起省界线上的生活，董振的话匣子更是打开了。他说：“我们出省就像串门。像我上班就要过省界线。吉林很多村民下田干活儿，都从咱们这边走。另外，咱们村听天气预报得听吉林四平那头的。”

村委会后面有一个很大的广场，董振说，每到傍晚，两省各村的村民都来休闲娱乐，“现在村里富裕了，水泥路铺上了，文化活动也多了。前阵子咱村和姜家洼村搞了个秧歌比赛，热闹着呢。”

天德村产香瓜，采访时正值香瓜成熟的时节，路边停着很多收瓜的卡车，不少来自吉林四平。“村民家里耕地超过100亩的都被纳入农场中来，现在咱们有5个农场，有1200多亩地。”

天德村实实在在地发展产业，不仅使村民受益，也使村集体经济从无到有再到发展壮大。西丰县农业技术推广中心副主任、农艺师赵连军说，天德村是县里的脱贫标杆，村民们干劲儿很足。

吉林省的村子种的是水稻，
辽宁省这边，天德村种的大部分是玉米

为满足两省交界处乡亲们的购物需要，沙金光家超市的备货量很大

“万事吉”和沙金光

村民沙金光43岁，开了一家名为“万事吉”的小超市，就在距离省界线不远的地方。十里八村都知道这间“沙家商店”，因为它开了30多年了。

每天沙金光都要开着面包车去石岭镇上货，“30多年前，我家就开了这间商店，吉林那边的村民也会来买东西。”因为信誉好，“万事吉”成了“名店”。1999年，沙金光和送货认识的妻子结了婚，还盖了5间大瓦房，“我爱人是吉林辽源人。”沙金光说。进入互联网时代，沙金光的小店也与时俱进增加了“外卖”服务。姜家洼村那边的村民要货，哪怕是一箱啤酒，沙金光也会不辞辛苦地“出省”送货。其实，所谓“出省”就是电动自行车骑上几分钟的工夫。这项随时“跨省”送货的服务在当地特别受欢迎。

守着这家老店，沙金光像是省界线上的一个观察者，看着村子一点点变化，看着老百姓的生活一点点变好。“我感受最深的是现在商品种类多了，光是小孩吃的零食就有几十种品牌，想吃啥都能买到。”沙金光说，他想把超市扩大点儿规模。

除了开超市，沙金光也是村里家庭农场的一员，他家有120亩地，“我还有

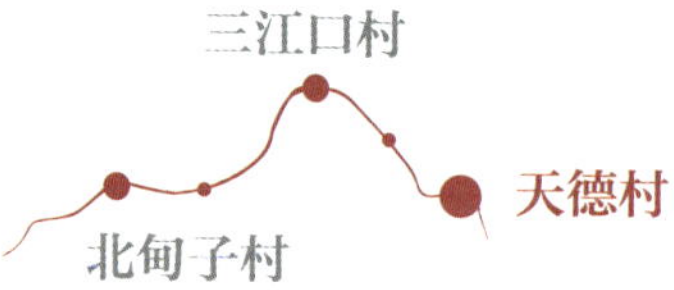

一些农机机械，每年农忙时会去吉林那边的村子帮忙干活儿。”沙金光还有做水果生意的打算，“最近几年，咱们这边水果种植业发展得很好，甚至有国外的水果商来这里买水果，还发展起采摘旅游产业，除了苹果、南果梨，据说最近还引进了樱桃树。”沙金光希望能开个“万事吉”水果商店，也方便更多的村民。

最美中心小学

天德镇中心小学的教学楼是天德村里最漂亮的建筑。

58岁的教师赵恩富是2005年从其他村小学调到这个学校的。

天德村最好的楼房是镇中心小学（远处的农田属吉林省四平市）

“当时学校就是三间民房，学生却很多，很多来自吉林的村屯。”赵恩富说，“现在因为户籍管理，来这里就读的吉林学生少了，但还有很多吉林的老师，大多来自四平。他们每天坐通勤车往返于两省之间。”32岁的女教师燕海洋就是其中一员。

“我来学校好几年了，看着学校越来越好，心里很开心。”燕海洋说。不久前，天德镇中心小学和吉林四平石岭镇第二小学开展了交流活动，燕海洋认为这很有必要，“虽然两所学校距离不远，但教学方法不一样，互相学习很重要。”

2018年，学校的新教学楼启用，孩子们用上了宽敞明亮的教室，国庆节时学校专门办了一场“我与祖国共奋进”的文艺会演。燕海洋说：“新中国成立70周年，我们打算和石岭镇的学校合办一场更大型的活动。”

老杨指路

LAOYANGZHILU

辽宁的天德村与吉林的姜家洼村实在是太近了，近到什么程度呢，因为天德村村委会后的广场比较平整宽阔，每天傍晚聚会跳广场舞的时候，姜家洼村的村民都会来咱天德村这边玩，玩得那叫一个开心呐！

紧靠省界开超市的沙金光家生意不错，姜家洼村那边的村民要货，哪怕就是一箱啤酒，沙老板也会不辞辛苦地“出省”送货。其实，所谓“出省”也就是电动自行车骑上几分钟的工夫。这项随时“跨省”送货的服务在当地特别受欢迎。

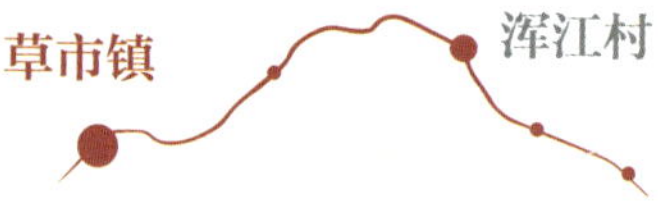

东线｜草市镇村事

在抚顺市清原满族自治县有个草市镇，被称作辽东第一镇。草市，原指乡村里的定期集市，据传是因为市场房舍用草盖成而得名，也有说因市集主要买卖草料而得名。草市镇地处两省一市二县（辽宁省、吉林省，梅河口市，清原满族自治县、东丰县）的交界处，是辽宁的东大门。

稻香蟹肥，草市人喜事特别多

■ 草市镇的路口，竖着一座石碑，上面写着“辽东第一镇”。这里是清原满族自治县内耕地和水库、塘坝最丰富的乡镇，是辽宁的特产之乡。到草市镇一游，浏览黄绿青翠的水稻田风光，实在是一大享受。

辽东第一镇

东大道村村支书张传仁

抚顺清原满族自治县草市镇的路口，竖着一座石碑，上面写着“辽东第一镇”。

去往东大道村的路上，经过大大小小的方塘，还有黄绿青翠的水稻田，风光无限。

从东大道村翻过一座小山，就是吉林省梅河口市大湾镇的桦树村。

到东大道村村委会时，村党支部书记张传仁正和几名村民唠家常，商量着国庆节快到了，怎么把村里布置布置。

镜头
JINGTOU

草市镇立着写有“辽东第一镇”字样的石碑

东大道村与吉林省交界处的 G202 国道

听村民们说，1997年张传仁当上村党支部书记后，村里逐渐摆脱负债，如今有了结余，他功不可没。“咱们村一共120多户，420多人，大多数务农。最近几年主要发展种植养殖、商贸和果树等产业，农闲时村民多外出打工，大多去后山那里吉林的一家钢厂。”张传仁说。

草市镇的历史颇具传奇性。

“清朝时，皇帝为了保护龙兴之地下令修柳条边，咱们草市被隔在柳条边之外。因为这个地方森林茂密，后来被纳入皇家猎场，常有八旗军驻守。”张传仁说。

根据《柳河赋》的记载，在金朝（南宋时期），女真人把草市称为“薸筏伙洛”。“薸筏”是远古时被埋在湖泊、洼地和平原下没有腐烂的草（草炭）。草市的湖泊边和洼地里生长着一种卡头草，是冬季女真人穿乌拉（鞋）最好的裹脚草。每到秋天，这里沿街都是卖卡头草的。

昔日熙熙攘攘叫卖卡头草的集市，如今变成了祥和的鱼米之乡。

张传仁说：“草市镇是清原满族自治县耕地、水库和塘坝最丰富的乡镇，是辽宁特产之乡。”

鲜花掩映下的民宅

引来外省游客

54岁的徐明
在吉林省的一家钢铁厂当拆包工

54岁的徐明早早吃好了饭，来接他们的班车马上就到村口了。徐明现在是吉林鑫达钢铁有限公司的一名拆包工，在东大道村，像他这样的钢厂工人有60多人。

“我每天都去吉林上班。”徐明说，每天早上6点半准时出门，7点半开始工作，下午3点左右下班，一个月工作20多天，剩下的时间在家务农。徐明算了算，加上工资，一年能有五六万元钱的收入，“逢年过节厂里还会发东西，挺好的。”徐明说。

东大道村村民焦连英

71岁的焦连英没事会溜达去桦树村卖废品，因为那边的回收价格比较高。朱思秋开了家海鲜串串店，一到晚上，烤肉的香味飘满村，“周边村民都爱来吃，桦树村那头常常组团来吃，他们特别喜欢吃我家的烤肉。”朱思秋说。

佟贵平是东大道村的“第一书记”，这天他很忙，因为要去参加村民迟镄和齐婷婷的婚礼。“咱村的条件不错，大伙日子过得好，喜事也特别多。”佟贵平说，他打算建议一对新人“十一”长假去北京度蜜月，“没准儿能赶上国庆的庆祝活动，多有意义啊。”

在草市镇双井沟村有一大片郁郁葱葱的油菜花田，远处还有漫山遍野的向日葵。如今，旅游产业也是草市镇重点发展的产业之一。

草市镇交通便利，沈吉铁路、国道202线、沈吉高速公路都从这里通过，四通八达的地理位置不仅带来了许多的人流、物流和信息流，也让草市人的心

采访这天正赶上东大道村村民迟镧和齐婷婷办婚礼

思变得更加活络。

镇上不时能见到游客模样的人，双井沟村的村支书张勇说："咱们这儿外省游客不少，吉林、河北的都有，还有北京来的。"

一门心思努力振兴家乡的草市人，特别珍惜身边的绿水青山。"咱们这儿有山有水，环境好，生态好，发展旅游、田园综合体都适合，还有特色种植，都是农民增收的好产业。就说大果榛子吧。据我所知，现在全镇大果榛子种植面积有4000多亩，按照每公斤50元的价格计算，单株效益在125元左右，亩效益1万多元，大果榛子种植相当有发展。"张勇觉得，草市镇的绿水青山真的就是金山银山！

特产丰富

2017年，草市镇被评为辽宁稻米特产之乡。

现在全镇优质水稻种植面积达1万亩，年产及销售量达到0.5万吨，其中有机水稻1000亩，绿色水稻3500亩。水稻生产分布在15个村，优质大米生产示范基地分布在国道202沿线6个村，每年水稻种植能为全镇带来2200多万元的收入。

霍秘财是草市镇福财旺水稻种植合作社的负责人，他20多岁就开始种水稻了，现在是年产15万公斤的水稻种植大户。

草市镇最有名的特产就是稻花香大米，“这个品种是咱们从吉林引进的，香味浓郁，口感很好，这种冷水稻在辽宁只有这一带的气候和环境才能种植。”

除了种植水稻，霍秘财也加工水稻。梅河口地区的农户都会把自家的水稻运到他这里加工。为啥？因为价格公道，加工出来的水稻质量又好，“现在加工厂里都是现代化设备，效率比以前高多了。”霍秘财说。

草市镇的特产还有河蟹。与盘锦河蟹不同，草市镇的河蟹个头较小，但香味十分浓郁。每年河蟹收获季节，国道边都会摆满装河蟹的小红桶，浩浩荡荡非常壮观。

草市镇人对自家的稻米品质十分有信心

河蟹养殖带动不少村民致富

58岁的徐成贵是草市镇长兴村村民，从2009年开始养殖河蟹，现在他拥有60多亩蟹塘，年产量几千公斤。“我正在试验养殖小龙虾，还研究网售河蟹，注册商标都想好了，就叫鸿雁牌。鸿雁是我老婆的名字。”徐成贵说，“为了帮我养河蟹，她太辛苦了。”

有50多户村民加入了徐成贵的河蟹养殖专业合作社，他说，未来三年，全镇发展河蟹养殖的目标是5000亩，他对目标的达成很有信心。

河蟹养殖大户徐成贵

蓊郁的榛子树长势良好，老人们坐在折叠椅上悠闲地摇着蒲扇，偶尔路过一个骑自行车的小伙子，淳朴的草市人就这样如山涧流水般恬静富足地生活着。

老杨指路

LAOYANGZHILU

在草市镇的省界处起飞无人机航拍，画面中满眼的稻田绿色与3条通向天际处的道路相结合，显得十分壮观。

这3条路分别是由辽宁通往吉林的铁路、G202国道和沈吉高速公路，两省往来十分便捷。正如河蟹养殖大户徐成贵所说，这个地方最大的优势就是四通八达。因此，每年没等河蟹长够个头儿，吉林那边的客商就纷纷开车过来看行情订购了。

他家养殖的河蟹从来不愁卖。

草市镇四通八达

东线｜浑江村村事

汩汩的浑江水日复一日地流淌着。这条曾被称为沸水的大河在本溪市桓仁满族自治县东南部蜿蜒回流220多公里，与鸭绿江在元宝山下汇聚成一条宽阔的大江，向着更远的方向流去。丹东市宽甸满族自治县振江镇浑江村就坐落在两江交汇处。

浑江村有个“农家院联盟”微信群

■ 每到清晨，47岁的张利都会坐在自家渔船上，一边摘着网上的鱼，一边眺望层层叠叠的远山。浑江村位于辽宁的最东端，东临鸭绿江与朝鲜民主主义人民共和国隔江相望，北邻浑江与吉林省集安市代代为邻，是名副其实的两国两省两江交汇处。人们习惯称这里为浑江口——“北方的香格里拉”。

一眼看两江

浑江村村支书韩日贵

浑江村党支部书记韩日贵很忙，村里的度假村开得红火，差不多每天都有想投资的人找上门。

“咱们村地理位置十分特殊，浑江在这里与鸭绿江汇合，至丹东市注入黄海。这里地处两国三地：中国、朝鲜；丹东宽甸、吉林集安、朝鲜楚山郡。”韩日贵说，浑江村不大，虽然有些偏僻，但风景很美，还有东北地区最大的油菜花观赏地。全村有824户村民，5个村民组，4.15

镜头

JINGTOU

俯瞰两江交汇

浑江村的旅游资源得天独厚

万亩土地面积，其中，8272亩是水没地。

韩日贵说，虽然大部分村民仍以务农为主，但其他产业发展也不错，“咱村主要在发展四大产业：板栗、榛子、水没地种植和旅游。”

采访这天是个大晴天，烈日当空。50岁的高元清在江上捕鱼，他的胳膊满是肌肉，散发着古铜色的亮光。“这里的村民都是一边种地一边捕鱼，基本没有纯捕鱼的，毕竟江里的鱼有限。”在江上捕了几十年鱼，高元清对这里每个地方都了如指掌，“也常有吉林的渔船过来，我们都熟，碰面会打个招呼。”高元清有时还能看见对面朝鲜的村民，“我也会说几句简单的朝鲜话，跟他们问个好，再问问打没打到鱼。他们经常会用手势回答我。”

村前大江横亘，村后山高谷深。白日山歌袅袅，夜里渔火森森。在浑江村，自然的环境依然保持着最原始的味道，村民世世代代一眼看两江，一脚踏三界，日子宁静而祥和。

仿若世外桃源

江上游船

心思都活了

作为村里最“豪华”的建筑，浑江口酒店十分显眼。

2015年，北漂归来的孙秀清买下一块地，盖起了这个酒店。“我是本地人，这里的风景我从小看到大。我觉得这么好的风景，每个人都应该来看一看。”那时，浑江村的旅游行业还是空白，而孙秀清希望填补这块空白。

后来，孙秀清和村里合作，实行“公司＋农户＋合作社”的方式，村党支部投资放在孙秀清的企业里，赚来的钱给村民分红，现在每年村民都能分到不少收益。

除了孙秀清的度假村，浑江村还有20多个农家院，大伙儿建了个“浑江村农家院联盟”微信群，没事儿互通有无。

“很多村民也会在我这里打工。”孙秀清说，“最近正筹备浑江漂流呢，挺忙。”

蓝恭伟在浑江口景区当船工，每到农闲时节，他就会来这里摆渡。

浑江村唯一的村医高清礼经常过江给吉林的农民看病

“从咱们辽宁这边上船，划上40分钟，可以带着游客看看对面的朝鲜，再看看吉林。”最忙的时候，江面上有十几艘渡船一趟又一趟地穿梭往来，蓝恭伟说，“连吃午饭的时间都没有。”

如今，浑江村的人均年收入能达到1.5万元。“以前游客少，大家都靠种地过日子，水没地土地虽肥沃，但收成没有保障。现在好了，旅游业发展起来了。咱们能干的事就多了。土特产卖得也挺好，很多游客很喜欢。”蓝恭伟说。

唯一的村医

浑江村里的道路，虽不算宽阔，但很平整。

高清礼每天骑着摩托在村里来来回回地跑上好几趟。他是这里的村医，唯一的一个。

“我刚从度假村那边回来，几个游客患了急性肠胃炎。”高清礼说。从17岁参加村里的“赤脚医生”培训算起，高清礼在浑江村做村医整整40年了。除了

老杨指路

LAOYANGZHILU

清晨，笼罩在薄雾中的浑江村一片宁静，白墙青砖的朝鲜族民居与四周的绿水青山相映成趣，十分和谐。

这里的生活节奏很慢，很多人家还没起床。

一只破旧的铁皮小船倒扣在村民家的院落中，锈迹斑驳的船底壳上站着一只很神气的鸭子，草地上一只红色羽毛的鸡正踌躇满志地走着……

“两国两省两江交会处”，这是浑江村很有吸引力的一句宣传语，也的确带给外来人很奇妙的体验。

村民家院中倒扣的铁皮船成为岁月的见证

浑江村十分注重环境保护

晨雾中宁静的浑江村

江边鲜花盛开

南线｜海洋岛镇村事

海洋岛镇，是一座位于黄海深处、中国最东端的乡镇级岛屿。它地处长山群岛东南端，东临朝鲜半岛。晴朗的天气里拿着望远镜眺望，可以尽览海洋深处的壮丽美景。

小岛上没有红绿灯，但秩序井然

■ 清晨的太平湾海水湛蓝，大大小小的渔船安静地停靠在湾内。作为长海县第一高峰的哭娘顶扭扭捏捏地扯出几丝雾气，盖住了山上郁郁葱葱的树林。这是大连市长海县海洋岛镇一个再平常不过的清晨。

文明富裕

不大的码头，旅客出出进进。干净的街道两旁，法国梧桐长得正茂盛。公交车不紧不慢，海洋岛上有全县设备最好的医院、敬老院、幼儿园。虽然陆地面积仅19.3平方公里，但岛民们将这里活成了世外桃源的样子，处处透露着整洁与美好。岛上民风淳朴，治安状况良好，几近“夜不闭户，路不拾遗”。

让笔者感到意外的是，岛上没有一处红绿灯，也没有交警，却极少发生交通事故。原来，岛上山路多，当地司机技术娴熟，守规矩，懂礼让。山间远远看见对面有车过来，司机都会停下车，等对面的车过去，然后互相鸣笛致意。偶尔有县里来的交警上岛，全岛司机还会当个新鲜事儿，争着去看交警小哥如何执勤。

采访这天，海洋岛镇西帮村党支部书记刘彩云早早来到单位，妆容精致，衣着时尚。村部里的工作人员几乎都是女性，“半边天”撑起的办公室里，一

镜头
JINGTOU

海洋岛没有一个红绿灯，没有交警，但秩序井然

乘风破浪，经高速快艇近 3 个小时的颠簸，记者（中）终于登上海洋岛

西帮村村支书刘彩云

派欢声笑语。

刘彩云说：“海洋岛陆地面积不大，但海岸线有52.5公里，植被覆盖率达到82% 以上，空气特别好。咱们的红石渔港是国家一级渔港，当地老百姓习惯叫它太平湾。”

海洋岛镇是辽宁最富裕的小镇之一，镇上的居民年均收入近4万元。全岛都在推进建设“优质苗种繁育地”和“深海底播示范地”的现代海洋牧场。“这里的海产品养殖技术已经是国际水平。”刘彩云说。

相比其他海岛，地处边界的海洋岛镇还有许多特殊责任。“这里距离公海只有12海里，为了防止渔民越界捕捞，咱们给所有渔船都配备了定位追踪系统。”刘彩云说。

海上虾夷扇贝进行底播苗种的场景

靠海吃海

老渔民赵希武和老伴儿

捕鱼一直是海岛居民最主要的谋生手段，海洋岛镇也不例外。86岁的赵希武从14岁开始出海，在风里浪里闯荡了40多年。

“以前岛上渔民很少，几乎没有树，到处光秃秃的。出海捕鱼用的都是那种摇橹扬帆的老式木船。”赵希武说，“以前捕鱼苦啊，靠天吃饭，一走十几天，遇上风浪，命都保不住。”赵希武说，自己的岳父就是出海遇到风浪，再也没回来。

如今不同了，赵希武过上了“喜欢啥就买啥”的好日子。5个儿子中有两个是渔民，一个还是船长。赵希武说：“现在捕鱼都是高科技，我们那时候跟

远眺海洋牧场

现在没法比。”

镇中心有一个市民活动广场，2019年建军节时，赵希武和老伴儿张春月专门去看了场演出。“听说国庆节也有演出，我跟老伴儿说好了，到时还去看。”赵希武说。

56岁的杨万山和很多岛上的居民一样，有一项令人叹服的本领——海上垂钓。他的钓龄长达30多年。他说钓友们经常一起出海垂钓，不出海也总是聚在一起研究垂钓技术。

每年到海洋岛旅游的游客约3万人次，在海岛旅游热潮的驱动下，不少渔民都转型干起了旅游服务业。杨万山就是其中之一。

杨万山时常带着游客出海，还教他们一些海上垂钓的知识。

钓鱼高手杨万山钓到一条黄条鰤

30 年前入伍的老兵回海洋岛“省亲”，与新兵同唱《团结就是力量》

守岛老兵

说起军人，海洋岛的山腰上就是海洋岛海防二连的营房。

笔者去采访时，正赶上营房里忙碌着，原来当天是二连老兵回“家”的日子。

因为战略地位重要，海洋岛素有“黄海前哨”之称。这里是拱卫京津门户、守护东北海疆的军事重地，岛上陆海空驻军应有尽有。“三八”女炮班、“渔村第九户”“郭兴堂全家兵”等双拥共建典型享誉全国，海防二连也一直是军区先进。

海防二连的前身是著名的古北口英雄狙击连。连指导员杜志选说，连里每一个官兵都有一种使命意识，那就是继承古北口英雄狙击连敢打敢拼、以一敌十的战斗精神。

53岁的老兵刘从祥从吉林赶过来，坐了13个小时的车、3个小时的船。这名1987年入伍的老兵，一踏上这片土地就热泪盈眶。他说：“我20岁在这里当

休渔季，渔船全部停靠在太平湾内

兵，足足4年，营房门口的树都是我们栽的，当年还是小树苗，现在都高过房顶了。”看着新兵，刘从祥一下子想到自己当年的样子，“那时候岛上连像样的楼房都没有，30多年，变化真大。”

一代一代官兵和岛民就这样一起，用青春和热血，兢兢业业地守护着这处美丽的岛屿。

采访临近结束时，西帮村“第一书记”王晓莉兴奋地拉着笔者去看了一场“快闪”活动的彩排。

活动是专门为了庆祝新中国成立70周年准备的，所有参加“快闪”的岛民

一起唱响了国歌。雄壮的国歌回荡在海洋岛上空，特别响亮。

很快，1900余米长的海堤灯带就要建成了，1200平方米的室内地下农贸市场也将开放，解决海洋岛最大问题“吃水难”的海水淡化工程也计划开工。小岛上的日子正紧锣密鼓地奔向更多的美好。

老杨指路
LAOYANGZHILU

海洋岛离大陆还是太远了，乘最快的快艇从杏树屯港出发也得将近3个小时。由于海浪较大，高速航行的快艇前后上下起伏，伴随着船身左右大幅度摇摆，许多初次乘船的人都严重晕船。不过，登岛后，小岛的美景很快便冲淡了大家的眩晕感。

宁静的太平湾里停泊着大大小小数百艘渔船，退潮后的海滩上，人们正在捡拾各种颜色的贝壳。一艘小艇慢慢划过海面，一位皮肤晒得黝黑、肌肉结实的中年汉子上岸了，手里拎着几条青白色的大鱼，那是市价每公斤160元的黄条鰤。

这位名叫杨万山的民间钓鱼高手这天收获颇丰，几条鱼价值可有三四千元呀！

南线 | 二界沟街道村事

盘锦二界沟位于辽东湾北岸，是辽河入海口、辽河三角洲的前沿地带，毗邻河北和山东，有涨潮为海、落潮为滩的“渤海金滩”美誉。人们称它是辽东湾第一渔镇，是古渔雁的传人们世世代代生活的地方。

要把二界沟的船卖向全国

■“辽东湾好地方，潮涨流北上，潮落流南淌。早出乘流去，晚归顺潮涨。”张丰年一边哼着歌一边将修补好的渔网整整齐齐地收起来。现在是休渔期，盘锦市大洼区二界沟街道海隆社区的渔民们正过着一年里难得的悠闲日子。

海水冲出小渔村

因为总去海边，海隆社区书记张军皮肤晒得黝黑。采访在8月进行，仍属休渔期，但张军的工作依然很忙。

海隆社区书记张军

由于临近山东和河北，不少有大一点儿渔船的本地渔民会把渔船不时开去山东、河北附近的海域作业。张军告诉笔者：“有的会去山东那边干几个月再回来。因为那边远海的地方，鱼更多一些。除了打鱼，还有一些村民会去山东打工。”

二界沟自古以来就是辽东湾打鱼人的聚集地。

镜头

JINGTOU

等待开渔出海的水手

辽河口排船博物馆

休渔季的二界沟码头

“历史上，二界沟是海水潮汐反复冲击而成的一个大潮沟，沟宽水阔，渔船出入便利，是村内渔船的通航沟。渔民们在这里早出晚归，逐渐就形成了一座小渔村。”张军说，其实在相当长的时间里，这条潮沟没有一个正式的名字。据说直到清乾隆年间，沟东、沟西分属海城县（今海城市）、广宁县管辖，更多的人知道了这条大沟是两县交界，所以取了个名字叫二界沟。

二界沟西部紧靠辽东湾，是出入渤海的重要港口。据张军介绍，二界沟现有2491户8707人，其中海兴社区4016人，海隆社区4691人。他向海上指了指，说：“往那边是山东，这边是河北。清朝的时候，二界沟这里就有很多山东和河北的移民。”

在张军眼里，二界沟是个很特殊的地方，“这里是河海交汇处，咸水淡水汇合在一起，盛产的文蛤被称为‘天下第一鲜’，海蜇常年出口日本等地。”因为物产丰富，渔民的生活也相对富足，“一年干七八个月的活儿，再打打工，渔民年收入都很不错。咱们这里的人心也善，随便找一个渔民问问，手底下救

过的落海的人都有七八个。哪家有点事，全村都赶去帮忙。”

天生的造船人

56岁的张兴华是二界沟的“船”奇人物。码头停着的本地木船，大多出自他的船厂。

张兴华不是土生土长的本地人。“我们家祖籍是山东泰安。”张兴华说。1981年高中毕业后，张兴华到二界沟当木匠，一次偶然的机会进了船厂，开始跟着老师傅们排船、修船。

20世纪80年代，二界沟住着三四百个渔民。“当年二界沟大多是外地人。”张兴华说。

当地人都说张兴华造排船的本事是天生的。他笑说：“我师傅也说我生来就是干这个的。”

张兴华对捻船技艺的改进被收入《国家木质渔船捻缝检验规则》，他本人也成为该标准的起草人。另外，他钻研木船防海蛆技艺，也取得了突破性进展。

张兴华的船厂叫“盘锦远航造船厂”，门脸儿不大，一进去却别有洞天。十几艘大大小小的木船罗列在空地上，几名工人正在给其中一艘上漆。张兴华说：“现在全国各地的人都来我这补船、修船，或者学习交流。”

张兴华

虽然仍沿用古老的造船方法，但张兴华偶尔也会使用一点儿高科技手段。“以前一块木板一张白纸，摊开就开始画图，现在我也用电脑画图了”。张兴华说。

盘锦远航造船厂每年能售出十来条船，每年维修的船只数量在200条左右。张兴华的目标是将自己造的船卖到更远的地方，他说："现在大多数船卖给本地渔民，或者山东、河北的渔民。希望以后能将二界沟的船卖向全国，我正在努力推进这件事。"

"渔雁"的新生活

二界沟的渔船上都会挂上一面"龙旗"，寓意吉祥美好。李德波的船上也挂了。

李德波是地地道道的二界沟人，17岁就开始出海打鱼。"打了20多年了，我爸也是渔民。"李德波说，"以前出海打鱼都是拿命搏，设备不行，船还小。"李德波清楚地记得，有一次出海遇上8级大风，船舵失灵，他和其他水手拼命往水里扔筐当舵用，足足用了四五个小时才安全回到岸上。

张兴华（右）和船工们正在打造一艘新的排船

古渔雁的守护者刘则亭（左）和他收藏的古船锚

“现在好了，渔船设备先进了，天气信息都有统一发布，导航也是统一发放的，有什么事都能第一时间知道。2008年，因为打海蜇，有条渔船被挤翻了，咱们只用了不到半小时就把人全救上来了。”李德波说。

“我们年年都有开海节，每艘船都要挂‘龙旗’。”现在，二界沟的开海节已经成为一景，每年都能吸引大批游客来参加。

除了打鱼，渔民们也开始尝试一些新路，比如农渔产品加工产业、旅游产业等。

在二界沟临海的地方，有个“渔雁小镇”景区，景区里的“渔人码头”和“二界沟大街”相当有特色。

古老的渔村正在焕发全新的勃勃生机。

在古时候，二界沟就是打鱼人群体——“渔雁”的落脚聚集之地。今天，新一代的渔民依旧像渔雁一般飞翔耕耘在万顷波涛之上，穿梭往来于各地的港湾河口之间。

老杨指路

LAOYANGZHILU

到二界沟总会见到有趣的人，听到有趣的故事，因为这里有人类从史前时代一直延续到今天的“渔雁”文化。

码头停靠着大批渔船，本地渔民和从外地赶来应聘水手的人们聚集在那里。听说在船上工作很辛苦，但收入颇丰：一个好的水手在渔船作业期间，一天能赚到900元的工资。

木质排船的国家级非遗传承人、大国工匠张兴华，他的辽河口排船博物馆和正在建造的木质排船让人感到莫名地亲切。

古渔雁的国家级非遗传承人刘则亭，则总是微笑着给登门造访的访客们讲述他的古渔雁故事。

刚刚搭建龙骨的新船

第二章

逐梦

| 写在前面 |

神州大地　追光逐梦

新中国七十华诞，我们的致敬，从辽宁走向全国。

华夏大地，广袤宏阔。

处处都有辽宁印记——

有辽宁参与建设的工程，辽宁生产制造的产品，也有辽宁研发的技术，辽宁输出的项目，辽宁孕育的榜样，辽宁出品的美食，还有许许多多在他乡拼搏的辽宁人，以及如今以辽宁为家的新辽宁人……

他们共同将辽宁性格、辽宁气质和辽宁味道带向了全国。

我们兵分多路，前往辽宁域外的33个省（区、市），以各种方式，寻找与辽宁息息相关的人、事、物。

一路上，越观察，越振奋；交流中，越感受，越自豪。

因为，共和国七十年壮丽华章的重要段落，尽显辽宁身影；新时代新征程砥砺奋进的铿锵步伐，常闻辽宁足音。

辽宁身影，厚重挺拔。参加新中国第一枚金属国徽铸造工作的老工人吴嘉祜，说起国徽依然目光炯炯；助力郑济铁路横贯黄河的鞍钢高性能桥梁研发团队，谈到研发“振兴钢”的艰辛禁不住红了眼眶；大学毕业后从北京返回西宁工作的吉庆祥，决心用自己的人生续写爷爷的“三线故事”；天山脚下的乔尔玛烈士陵园里，陈俊贵一家守护着长眠的战友，已经20多个年头……他们的故事映照出“共和国工业长子”使命必达的拳拳初心。

辽宁足音，激昂坚定。河北雄安，一群辽宁人为建设新区最大生态工程日夜奋战；江苏常熟，徐磊在生产车间里为创业争分夺秒；广东深圳，高向冉带领团队攻克一道道云计算难关；云南丽江，李忠昭、柴华小两口用热情诚信的服务把客户变成了朋友；上海静安，郑春颖打造行业龙头，树起长三角辽商新形象；贵州六盘水，崔文权拄着树枝蹚着泥泞的路坚持下村义诊老乡……他们的经历描绘了新时代辽宁人踏浪勇进的铮铮斗志。

幸福都是奋斗出来的。

许许多多辽宁人，用平凡者的执着、热情和勇气，闪耀了辽宁的光荣底色，奏响了辽宁的壮美长歌。33篇报道，33个与辽宁人、事、物息息相关的故事，绘制出一幅新时代辽宁人追光逐梦的瑰丽画卷。

谨以此，向共和国致敬，向奋斗的辽宁人致敬。

北京
BEI
JING

档案　天安门城楼上悬挂的国徽诞生在辽宁。那是新中国首枚金属国徽，饱含了“共和国工业长子”勇于担当、忠诚奉献的爱国情怀。

时间　2019年8月3日—9日

地点　北京天安门；中国国家博物馆；中国工业博物馆

人物　新中国首枚金属国徽雕刻组组长　吴嘉祜
中国工业博物馆研究室主任　王彤

我们造的国徽
就挂在天安门上

8月9日，中国国家博物馆，观众如潮。国徽石膏模型母模静静躺在玻璃展柜中，静待着来自四面八方的参观者。

解说员透过扩音器，娓娓讲述着国徽的故事：那是新中国成立一周年前夕，包括林徽因在内的清华建筑学专家，集思广益，博采众长，拟出用天安门作为民族精神象征的国徽方案。最后，由清华大学教授高庄，翻铸出一枚纵31.9厘米、横31.5厘米、厚1.2厘米的国徽石膏模型母模。

这段历史，众所周知。但鲜为人知的是，因为时间紧，1950年国庆典礼，天安门上悬挂的是临时赶制的木质国徽。

木制国徽易变形开裂，必须造出金属国徽。但百废待兴的新中国工业基础薄弱，这个艰巨的任务如何完成呢？

国家将这份光荣且重大的使命，交给了辽宁。

中国工业博物馆研究室主任王彤说，国徽方案敲定不久，国家将制作金属国徽的任务交给沈阳第一机器厂，就是后来的沈阳第一机床厂。随即，由焦百顺牵头成立铸造小组，在设备简陋、工具落后的情况下，工人们怀揣对党和国家负责的使命感，夜以继日，反复试验，终于制成新中国首枚金属国徽。

1951年劳动节当天，凝聚沈阳工人心血与智慧、饱含辽宁人民爱国深情的国徽高高悬挂在了天安门城楼上。

《辽宁日报》记者采访有着“国徽老人”之称的沈阳第一机床厂退休职工吴嘉祜（左）

几年前，中国工业博物馆仿制新中国首枚金属国徽，吴嘉祜担任顾问。吴嘉祜是新中国首枚金属国徽雕刻组组长。新中国迎来七十华诞之际，记者来到吴嘉祜家中，探望这位历史见证人。

1949年9月10日，吴嘉祜进入沈阳第一机器厂，成为一名八级钳工。今年98岁的老人听力已经严重衰退，但他每天仍坚持观看《新闻联播》，因为，他总想看看天安门上的国徽。

据悉，新中国首枚金属国徽的质地为铜铝合金，铜占8%，铝占92%。当年共生产出67枚金属国徽，直径最大的有2枚，竖高2.4米、横宽2米、重487公斤，其中一枚悬挂在天安门城楼上。中型直径的有20枚，小型直径的有45枚，分别悬挂在首都、各省及部分城市的国家机关。

吴嘉祜回忆说，国家下达任务后，工人们既兴奋也忐忑：兴奋的是，国家能把任务交给辽宁，这是信任，也是光荣；忐忑的是，如果完不成任务，丢脸。为保质保量完成任务，大伙儿废寝忘食，全身心投入，攻克一个又一个技术难关。

中国国家博物馆展出的国徽石膏模型母模

在中国工业博物馆内参观的孩子们在国徽复制品前合影

铸造国徽的第一步，是铸造模型和毛坯。因为设备简陋，又没有能照搬的案例，做出来的模型图案模糊不清。另外，因为铜和铝两种金属的熔点不同，想要得到铜铝合金也不轻松。为此，焦百顺带领大家，没有炉子，自己砌砖炉，没有化罐，自己做铁罐代替……吴嘉祐说，没有测试铝水温度的仪器，工人们就用肉眼根据火焰颜色判断温度。

通过不断探索，最终不但做出了平整光滑、纹理清晰和凹凸有序的国徽模型，而且在没有真空设备的情况下靠土法获得了铜铝合金。

刚浇铸出来的国徽毛坯，连五角星都看不清，更不用说麦穗和麦芒。吴嘉祐说，钳工就像外科大夫，各式工具就是手术刀，他们每天小心翼翼地为国徽修补、刮平、打磨和抛光。

回忆起精加工的过程，吴嘉祐说了五个关键词，分别是清理、修补、精雕、刮平和抛光。

“说实话，当时每晚都睡不着，根本合不上眼。”吴嘉祐说。钳工小组反复构思精加工细节，困了就在车间打个盹儿，饿了就用窝头就点自来水，虽然艰苦但没一个人有怨言。

根据实际需要，工人们自制了十多种形状各异、规格不同的刮刀，让相连重叠的麦穗、齿轮和五角星图案变得立体，还用砂布反复打磨让国徽光亮如镜。验收那天，吴嘉祐记得，自己的心都提到嗓子眼儿了，直到看到大家满意的笑容才终于放了心。

就是这样，在设备简陋、技术落后的情况下，工人们依靠艰苦奋斗和团结协作，不仅圆满完成铸造金属国徽的任务，而且提前了20天。王彤说，正是这些老一辈工人的努力和奋斗，为辽宁在共和国历史上写下了浓墨重彩的一笔。

王彤告诉记者，与国徽结下不解之缘的还有沈阳市贝雕厂。从1993年开始，沈阳市贝雕厂制作的国徽不只悬挂在国内，还悬挂在我国驻世界各个国家和地区的使领馆楼上。1997年，香港回归时所用到的香港特别行政区区徽，以及政权交接仪式中使用的国徽，也都是由沈阳市贝雕厂制作的。

天津
TIAN
JIN

档案　《体坛演义》是全国首档每天播出一小时的体育节目，深受全国体育迷喜爱。他的创办人和主播林铁，在天津开拓着新的事业。

时间　2019年8月5日

地点　天津市滨海新区

人物　著名媒体人　林铁

成功
靠拼

温文尔雅的林铁，端庄大气的李梓萌，还有清新靓丽的黄婷婷……这些电视里常见的面孔，都是土生土长的辽宁人。其中，曾主持《体坛演义》的林铁，如今在天津开拓着新的事业。

新闻人、主持人或是公益人……林铁，这样给自己排序。不过，提到自己最大的标签，他觉得首先是"辽宁人"。

天津，滨海新区，一家古色古香的书屋，俯瞰渤海明珠，视野极好。

肤色黝黑的林铁，神情轻松，标志性的无框眼镜后面，是东北男人坚毅而泰定的眼神，跟想象中妙语连珠、一针见血的林铁，不大一样。

像许多外闯的辽宁人一样，林铁很拼，总想不断拓展自己的领域。他说这股闯劲，是关东汉子固有的。

林铁，1972年出生在铁岭，1994年大学毕业后进入辽宁交通广播电台，任体育及新闻节目记者、主持人。由他创办并担任主播的《体坛演义》，备受辽沈听众喜爱。

林铁说，大学时，他喜欢上朗诵和诗歌，因为性格开朗，经常组织和参与学校的各类活动。大学期间的锻炼，让林铁在电台脱颖而出，入职当年就创办《体坛演义》并大获成功。林铁的声音很有磁性，林铁的评论很有锋芒……直到今天，不少体育迷依旧把林铁的主持风格奉为经典。

《辽宁日报》记者与林铁（右）合影

“《体坛演义》的成功，要归功于辽宁的大气、包容。”林铁认为，《体坛演义》能够成功，在于有鲜明的个人风格和观点。当时，社会上有两种声音，有人说林铁的评论直击要害，也有人说他的批评太过尖锐。面对争议，林铁选择坚持，听众和电台选择包容，两者在潜移默化中学会相互尊重，让这档节目拥有了良性发展的空间。

随着工作逐渐深入，林铁的视野也越来越宽广，期盼到更广阔的天地去闯荡。

2000年，林铁离开《体坛演义》，南下深圳有线电视台体育频道担任节目主持人。一年后，他远赴英国，踏上留学之路，在利兹大学攻读传播学硕士一年。2004年回国后，林铁加盟天津卫视，担任新闻专题节目《视实》的制片人和主持人。从此，“辽宁人”林铁，开始了在天津奋斗的日子。

虽然离开了熟悉的体育栏目，但是林铁一直没有抛开“体育”这抹特别的底色，由他制作的《踢球的孩子去哪儿了》荣获中国新闻奖访谈节目二等奖。

“选择到天津工作，其实主要也是因为辽津两地经济往来日益密切，合作领域广阔。”林铁说，在天津常能遇到老乡，“天津市辽宁商会有300多家会员企业近400名会员，业务领域涵盖生物医药、科技制造、建筑建材、文化创意等20多个行业门类。”

在天津卫视工作期间，林铁还投身公益事业，为天津的流动儿童健康成长提供帮助：带流动儿童到博物馆参观，为有需要的流动儿童教授兴趣课，让近万名孩子受益。

去年，林铁再度辞职。这一次，他成立了自己的工作室，成为一名创业者。现在，林铁很忙，经常穿梭往返在各个城市之间。不过，踢球和马拉松这两个爱好没丢，对西塔大冷面的味道没忘。林铁说，2020年春节，想回辽宁老家多住几天，陪陪至亲，看看好友，特别是想去工作过的地方坐坐，那里有他永远的回忆。

档案 雄安新区府河河口湿地水质净化工程是目前雄安新区启动的最大生态治理工程，中标该工程的公司位于辽宁。

时间 2019年8月1日

地点 河北省保定市雄安新区

人物 水电六局二分局党委书记　王彬

在雄安
打响“头炮”

8月初的白洋淀，风光无限。但一批在雄安新区的辽宁人，无暇欣赏近在眼前的迷人美景。他们正忙于一项大型工程——雄安新区府河河口湿地水质净化工程。

负责该项目的中国水利水电第六工程局（简称水电六局）有60年历史，总部坐落在沈阳市浑南区。水电六局二分局党委书记王彬说：“雄安新区府河河口湿地水质净化工程是目前雄安新区启动的最大生态治理工程。”

8月1日下午，记者随王彬一同乘火车从沈阳抵达保定，之后坐汽车来到位

雄安白洋淀

雄安—水电六局项目部研讨项目

于雄安新区安新县的项目部。一路上，王彬绘声绘色地向记者讲述工程中标时的激动心情。

说到有幸参与雄安新区建设，水电六局雄安项目部的工作人员都难掩兴奋之情，每个人对新区的未来都充满期待。“中标那天是6月28日，得到消息后，大家高兴极了。这个项目，不仅是水电六局在雄安中标的第一个项目，也是辽宁企业参与雄安新区建设的第一个大型工程。”王彬说。

作为项目经理，孙晓磊已经前前后后忙了三四个月。这期间，他连家也没回过一次，“水电六局最擅长的业务就是湿地水质净化工程，对于这个项目我们志在必得！”孙晓磊说。

中标后，水电六局快速组织精干的管理团队和技术骨干进驻项目，准备在雄安新区大干一场。“项目总合同金额4亿元左右，工程量不是特别大，但意义非比寻常。”王彬说，“我们不仅代表水电六局，也是代表4300万辽宁人民来参与雄安新区建设的。而且这个项目不仅是雄安也是华北地区最大的河口人工湿地水质净化工程。这个‘头炮’，必须要打响！”

自雄安新区设立以来，有关部门千方百计谋划生态画卷。孙晓磊信心满满地说："记者同志，我们邀请你明年夏天时再来雄安，再看看我们的项目，那时的府河一定会出现鱼群游弋、荷花映日的美景。"

记者在施工方案中看到，水电六局将采用近自然的强化生态处理工艺，在保障水质达标的基础上，恢复府河河口湿地的沉水植物、挺水植物、漂浮植物和浮叶植物等湿地植物，构建鸟类、鱼类等动物栖息地和食物链系统，重建府河河口湿地风貌。

不过，当记者走进水电六局雄安项目部时，发现无论办公条件还是住宿条件，跟他们在沈阳时相比，简直是天壤之别。"刚来雄安时，员工宿舍还没修建好，大家只能挤在小旅店里，条件是有点艰苦，可对常年在外干工程的我们来说，没有吃不了的苦。"孙晓磊淡淡地一笑。

记者在采访时，还意外发现了刚刚入职的七八名大学生。尽管他们只比记者早来雄安不到10天，对雄安也没有太深入的了解，可当记者问他们想不想长期驻扎雄安新区时，大家异口同声地说："想！"

记者再问："为什么想留在雄安新区？"有人立即回答说："作为辽宁人，为参与雄安新区建设感到很自豪。"

档案 随着国家“一带一路”倡议的实施，由中欧班列串起的中欧物流大通道建成，辽宁成为东北亚和国内东南沿海出口欧洲的物流商品集散地。

时间 2019 年 7 月 31 日

地点 内蒙古满洲里站铁路交接所

人物 满洲里站交接所副所长　范田在

希望为更多“辽满欧”班列做交接

9时40分，从大连始发终到满洲里的2623次客运列车抵达满洲里火车站。满洲里火车站内的指示牌都标有汉语、英语和蒙古语三种语言。从车上下来的乘客，有拎着大包小裹的商人，有刚走亲访友回来的牧民，还有带着孩子来草原旅游的一家三口……近年来，满洲里成为辽宁人避暑的热门旅游地。更重要的是，这里是连接辽宁与欧洲各国的重要节点。

中午时分，在满洲里口岸铁路换装场，一列从俄罗斯进口满载着煤炭的列车已经完成换装，煤炭被换装到中国的列车上，即将运往辽宁、吉林和黑龙江三省。

范田在主要负责国际联运，为不少来自辽宁的班列服务

2011年到满洲里铁路交接所工作的范田在，目前担任交接所副所长职务，主要负责国际联运。“今天早上，刚刚有一列从沈阳东站开来的出口班列共45车到达满洲里站，车上主要的出口货物为镁铬砖、灯箱布、散热器，俄方到站地点是叶

卡捷琳堡、别济米扬卡、沃尔西诺等城市。”范田在告诉记者。这趟班列经过满洲里站交接所查验、完成转关或一体化报关后，从满洲里口岸出境，然后到贝加尔口岸换装到俄罗斯的列车上，继续向前运行，直至终点站。

范田在说，沈阳东站是最早的中欧班列发到站之一。随着国家“一带一路”倡议的实施，由中欧班列串起的中欧物流大通道已经建成，辽宁也因此成为东北亚和国内东南沿海出口欧洲的物流商品集散地。

在满洲里西部，一座总长105米、高43.7米、宽46.6米的国门伫立在中俄边境位置。这是于2008年建成的第五代国门，乳白色的门体上方嵌着“中华人民共和国”七个鲜红的大字，上面悬挂的国徽闪着金光，国际铁路在下面通过。登上国门能看到下面排列着准轨和宽轨两种规格的轨道，来自中国的列车和来自欧洲的列车都从这里通过。

在满洲里铁路联检大楼，记者看到一道透明的玻璃墙，它就是国境线。中俄双方的铁路办公室隔墙而设，从沈阳东来的过境班列，货运单据快速翻译后，转手就能移交到“国外”。海关、出入境检验检疫、银行等众多部门驻扎，让

中欧班列从满洲里口岸出境，驶往俄罗斯

进入大楼的货主几个小时内就能完成通关手续。

“辽满欧”班列通过满洲里国门过境俄罗斯，并通往欧洲国家，成为东北地区融入“一带一路”的重要通道。

记者了解到，“辽满欧”班列中，最早开行的“沈满欧”班列由沈阳始发经满洲里口岸出境，沿途经俄罗斯、白俄罗斯、波兰等国家，最终到达德国汉堡，全程运距近1.1万公里，运行时间16天至18天。目前，“沈满欧”已实现俄罗斯、欧洲两条“一带一路”国际货运线常态化运行，并吸引周边货源搭乘，货源地集中在辽沈地区、华东、华南、京津冀地区。本地企业在中欧班列货物中所占的比例由去年的30%提高至目前的50%左右，已有多家本地企业搭乘中欧班列出口，主要货物为车用发动机及机械设备。

作为东北三省唯一的沿海省份，借助沿海多个港口的区位优势，辽宁已经形成“辽满欧”“辽蒙欧”“辽海欧”等多条连接中东欧的海铁联运大通道。

海铁联运作为集装箱物流网络中的重要组成部分，是世界各国港口大力发展的运输方式，进出口货物由铁路运输和沿海海港与船舶运输相连，只需一次申报、一次查验、一次放行就可以完成整个运输过程。在辽宁组织开行中欧跨境集装箱班列中，大连、盘锦、营口等地均有效发挥海铁联运的作用，开通了“盘满欧”“连满欧”“营满欧”等中欧班列。以到莫斯科为例，海运时间接近40天，中欧班列在15天以内。这种海铁联运的方式，比传统海运节省了2/3的时间。无论是港口集疏运，还是本地企业生产的进出口货物，利用中欧班列出口到欧洲非常方便。

通过满洲里，辽宁与欧洲各国快速联通，2019年1至6月份，满洲里站共出口班列698列、31681箱，较去年同期增长40%。进口583列、25819箱，较去年同期增长66%。7月份，到达满洲里口岸的出口班列居高不下，出口车保有日均都在千车左右。到7月28日，单月出口已完成113列、5076箱，创历史新高。

范田在说：“我们内蒙古人和辽宁人的性格很像，都比较直率，工作认真，我们交接所希望未来能为更多的‘辽满欧’班列进行交接。”

档案 2019 年以来，一批重大投资项目竞相“闯关东”，商业嗅觉一向灵敏的晋商，也纷纷赴辽考察商机，希望进一步促进山西与辽宁的经贸合作。

时间 2019 年 8 月 12 日

地点 辽宁省山西商会

人物 辽宁省山西商会副会长　王志远

晋商
爱过山海关

“隔三岔五就有山西那边的商务考察团过来！”辽宁省山西商会副会长王志远告诉记者，尽管接待考察团很辛苦，但看到辽宁的营商环境不断改善，引来不少金凤凰，“我们商会也很振奋，一定尽全力促成项目落地。”

山西和辽宁的基因有相似之处。两省都是国家重要的能源和工业基地，都曾为国家经济建设做出过巨大贡献，如今，也都处在转型发展的新征程上。王志远说：“我们辽宁省山西商会成立了一家新晋商公司，正在山西推广煤改电项目。同时，我们也不断为两省企业对接项目，希望进一步促进山西与辽宁的经贸合作。”

“辽宁在晋商眼中，是一块非常不错的投资沃土。据不完全统计，目前约有25万晋商在辽宁投资兴业，其中绝大多数人已在辽宁定居，成为辽宁人。”王志远说，这些新辽宁人中，有不少还成为推动山西发展的生力军。

前两年，辽宁省山西商会的40余名会员出资成立了辽宁新晋商发展有限公司。该公司回乡投资的第一个项目，便是与山西省吕梁市交城县鑫升机械、北京嘉洁能创投集团，共同合作“煤改电”设备交城生产基地，助力山西“蓝天工程”。

据王志远介绍，“煤改电”项目已经在吕梁市部分地区试行推广，从实际效果看，煤改电设备生产基地生产的设备运行稳定，治理空气污染效果明显，

辽宁省山西商会副会长王志远

用户采暖成本降低，环境治理速度加快，得到当地相关部门的一致认可和普遍好评。

下一步，煤改电设备生产基地还将开展光伏发电项目的推广。“所谓的光伏发电，就是租用老百姓的屋顶或空置土地安装光伏设备，这样老百姓不用投资一分钱，就可以由自己屋顶或空置土地获得一部分租金。”王志远说。

“我觉得，辽宁在推动清洁能源取暖方面，也应该加快速度，动作再大一些。经过这两年在山西的运作，辽宁省山西商会对煤改电的推广、生产积累了丰富经验，希望这个项目也能落地辽宁。”王志远说。

2019年上半年，辽宁省经济增长5.8%，规模以上工业增加值增速超过了全国平均水平。王志远说：“辽宁经济企稳向好，我们也有强烈的感觉。”

王志远说，从去年底开始，他就总接到山西企业家想来辽宁商务考察的电话。“晋商一向商业嗅觉灵敏，大家都觉得辽宁是一块投资宝地，现阶段又处于投资洼地，未来发展后劲十足。”王志远说。

一批新晋商正跃跃欲试要再次“闯辽宁”，而亟待在转型创新中焕发新活力的山西，也迫切想与辽宁共谋发展之路。“我们商会这两年不断为两省企业对接项目、资源，交流信息。”王志远告诉记者。

尽管山西与辽宁相隔1000余公里，但两省的经贸、文化交流越来越频繁。每年，辽宁的书画家都会到山西的五台山，与当地书画家切磋技艺。辽宁到山西旅游的人数和山西到辽宁旅游的人数都不少。两省也分别在对方的主要城市开设大大小小的特产商店，王志远说：“在山西，不少人特别喜欢大连海参、盘锦河蟹，而山西的白酒、陈醋也被辽宁人青睐。”

档案　辽宁和吉林两省之间，在二人转发展上互相推动，很多吉林的演员在辽宁的舞台上得到了更大的发展，辽宁也把二人转推向了全国。

时间　2019年9月3日

地点　吉林省长春市八一湖畔

人物　吉林省艺术研究院研究员　田子馥

研究二人转
必须去辽宁

田子馥的家在长春市八一湖畔的一栋高层住宅楼内，160平方米的居室中，书房占了一半面积，田子馥把它命名为“老圃耕读堂”。

书房里七八个由地面直通房顶的书架占满了两面墙，其中一个书架上用毛笔标着“自著”的字样。《二人转本体美学》《东北二人转审美描述》《东北民间说唱艺术》《口述蹦蹦戏人类学》等，光是有关二人转的著述，田子馥就写了七八部。“1966年，我发表第一篇二人转研究文章，到今天已经过去50多年了。去年，《口述蹦蹦戏人类学》出版，这本书是我十几年间走访辽宁、黑龙江、吉林等地，通过收集整理50位老艺人的口述史编著而成的。”田子馥说。

“二人转起源于辽宁。”田子馥说，从20世纪70年代起，他就多次到辽宁寻找二人转的发源地，“一般认为，二人转诞生于清雍正末年，起源于辽西锦州及辽南海城一带，至今已有近300年历史。到19世纪中叶，逐渐流传到东北各地。”田子馥专门到锦州黑山一带考察，采访民间艺人。

田子馥回忆说，虽然二人转表演很兴旺，但理论研究还不够深入。他记得：“1984年在铁岭举办东北三省二人转理论研讨会，我在会上宣读了论文《试论“二人转演人物又不扮人物”——二人转表演美学规律》，受到专家好评。可以说，那是我关于二人转理论研究的一块重要基石。”

二人转反映了东北民间那种豁朗疏野、热情奔放、爱开玩笑而“不在乎立言留名”的作风。近几十年来，许多地方剧种走向衰落，二人转却像车轱辘菜，以顽强的生命力、丰富的演艺资源，融入当下的文化新潮，蓬勃生长。

田子馥

“对二人转，就是要反复研究，追溯东北蹦蹦戏和二人转的本源，让大家了解什么是真正的东北二人转，正本清源，并从中汲取这种文化带给我们的力量，从而追寻到非物质文化遗产的传承与继承的根本。”田子馥说，二人转的发展过程，经历了 3 个不同时期：首先是新中国成立前的农村民间传统蹦蹦戏时期；之后是新中国成立后，成立专业团体的专业二人转与民间二人转并行阶段；再就是改革开放后，城市二人转及新剧目的发展阶段。

“辽宁和吉林两省之间，在二人转发展上互相推动，体现在作品的相互影响、剧团的交流以及演员的流动上。”田子馥说，很多吉林的演员在辽宁的舞台上得到了更大的发展，辽宁也把二人转推向了全国，“我盼望未来两地之间在文化、艺术上会有更多的交流。”

档案 2019年初，大连至绥芬河的高铁开通，两地往来时间从19个小时缩短至7个小时。这趟列车出省跨市，将百年口岸与海滨之城紧密连接。

时间 2019年9月4日

地点 黑龙江省绥芬河市青云市场

人物 服装商人 金太胜 曹婷婷

咱们的档口
越开越大

“现在回老家（辽阳市）方便多了，自从今年初开通了大连到绥芬河的高铁，1000多公里的路程只用6个多小时就能从绥芬河这个边境小城回到辽阳。过年开车的话也是全程高速公路，一白天就能开到家，不像以前坐火车都得将近20个小时。”

2019年9月4日一大早，黑龙江省绥芬河市青云市场3楼24号档口，老板娘曹婷婷刚刚打开店门，准备开张，就迎来了来自家乡的记者前来采访，她略有些吃惊。

曹婷婷和丈夫金太胜来绥芬河做服装生意已经15年了，两口子都是“八〇后”。夫妻俩从一个1.5米长的柜台做起，到跟另外两家合租一个10多平方米的档口，直到现在，已经能够独立承租一处50平方米的大档口。15年来生意做得顺风顺水，买了私家车，还在市区内买了面积90多平方米的住宅。女儿是在绥芬河长大的，正在绥芬河第四小学读书。

开店不久就来了两位俄罗斯女顾客，曹婷婷用流利的俄语与她们交谈起来，还帮她们挑选，没到5分钟，第一笔生意成交了。

现在青云市场里的客流量不像以前那么大，主要是因为电子商务迅猛发展，客户都通过网上平台订货。曹婷婷说，对面（俄罗斯）城市乌苏里斯克市也有不少人用中国的微信，其中很多是做服装生意的商家。

金太胜、曹婷婷和女儿，在绥芬河为家乡辽宁祝福

曹婷婷帮从俄罗斯来的顾客挑选衣服

绥芬河与俄罗斯远东地区的铁路货运总是很繁忙

2019 年初开通的高铁，让大连和绥芬河两地的交往变得更加密切

中午11点刚过，金太胜赶着去学校接女儿放学。和金太胜一样，青云市场里另外一名辽宁籍服装店老板也来学校接孩子，两个男人在树下抽起了烟，同行又同乡，孩子也差不多大，自然话题不少。

放学了，孩子们陆陆续续走出校门。记者发现有一个金发碧眼的学生。金太胜告诉记者，这所小学里有两个俄罗斯孩子就读，汉语说得还挺溜。

绥芬河不大，广告招牌一般都是汉语和俄语两套，市区里很安静，生活节奏也不快。

金太胜说，这几年家乡的朋友常劝他回辽宁做买卖，“高铁开通后，两地交流更顺畅了。我和爱人近来也常商量，能不能回老家也开个店，做做两地之间的服装生意。”

上海
SHANG HAI

档案 2019 年 4 月，长三角辽商联盟在上海成立。该联盟为长三角辽商企业家提供更广阔的视野、更多的优势资源、更大的发展平台，助力民企实现高质量发展。

时间 2019 年 8 月 28 日

地点 上海市静安区东海广场

人物 上海伽蓝集团董事长　郑春颖

我们把长三角的资源带回家乡

“在我看来，辽宁人有胆识、有能力、有魄力。辽宁经济正在回暖，开始跟上全国发展的步伐，进入平稳健康发展的轨道。”郑春颖道出了他对家乡辽宁目前发展状况的判断。郑春颖是著名企业上海伽蓝集团的董事长。他的办公室位于上海市静安区东海广场，那里也是国内外知名化妆品企业聚集地。

1996年，在辽阳工作已经10年的郑春颖，手里端的是人们口中的“铁饭碗”，但他的心中一直有个念头，就是创业。郑春颖遵循了内心的想法，毅然辞职下海，从辽阳来到沈阳开办美容院。2001年又只身前往上海打拼。郑春颖回忆说，当年，他曾坐在天安门广场人民英雄纪念碑的台阶上，面向人民大会堂立下三个誓言：做一个不平凡的人，登上人民大会堂的讲台，做徒步走完长城的第一人。他说这三个誓言已经实现了两个半，如今，他带领的伽蓝集团已经成为中国化妆品行业最大的企业之一，集团在人民大会堂举办成立庆典，还在长城上举办过活动。2019年，对郑春颖和他的企业来说，是具有特殊意义的一年。在上海打拼了18年的郑春颖提出，要在2021年实现3个100亿：“美妆店渠道100亿”“电商渠道100亿”“商超渠道100亿”。

辽商活跃在全国各地，仅江浙沪一带就有近6万家辽商创办的规模企业，注册总资本超过5000亿元，在全国各行各业领跑的企业有22家，可谓成绩斐然。2018年2月，郑春颖当选上海市辽宁商会会长。当选之时，他便号召广大辽商

郑春颖

加快在沪发展，积极回报家乡。

辽宁和上海两地间有着长久的交往历史。随着市场经济的深入发展和上海经济实力的迅猛增强，来上海投资创业和工作的辽宁籍人员更是成倍地增长。据不完全统计，常年在上海投资兴业的辽宁人已逾3万人，资本运作规模超过50亿元。辽商正凭借着豪爽务实、拼搏奉献的精神，在百年上海滩占得了一席之地，受到各界瞩目。

2019年4月，长三角辽商联盟在上海成立。该联盟通过产业联动、资源共享等方式推动要素资源的最优化配置，为长三角辽商企业家提供更广阔的视野、更多的优势资源、更大的发展平台，助力民企实现高质量发展。为什么要成立长三角辽商联盟？郑春颖说，多年的创业经验让他深刻地懂得个体的成功靠个人奋斗、群体成功靠群体品牌效应的道理。“以往辽商还没有开始刻意塑造自己的品牌形象，在这点上浙商做得很好。我们成立长三角辽商联盟，就是要打响辽商品牌，扩大辽商影响力，去正面树立辽商形象，要用打造高端品牌、一流产品的方式去打造长三角的辽商品牌。此外，大家还要有一个共同的价值观，这个共同的价值观可以延伸出共同的文化。”为了扶持年轻力量，郑春颖说要搭建一个面向年轻辽商有效的沟通机制和合作平台，从而形成有影响力、有凝聚力、团结互助的新辽商群体。

辽商一直在成长。郑春颖说，作为从辽宁走出来的企业家，要为自己家乡的振兴发展与崛起贡献出自己的力量。《辽商宣言》最能表达郑春颖的心声：吾等当传承创新。辽之往昔，源远流长。幽砖营瓦，睹夏商之晓月；燕雁南飞，诉春秋之离殇……吾等当兴业报国。身在上海，产业报国、实干兴邦；根在辽宁，造福桑梓、回报家乡……

档案 目前，辽宁 12 座城市与江苏 12 座城市，围绕相关产业和重点领域展开对口合作，相继签署全面合作协议或专项合作协议。

时间 2019 年 8 月 13 日

地点 江苏省常熟市常昆工业园

人物 洛伊罗尔服饰工厂总经理 徐磊

想去沈抚新区办厂

位于江苏省常熟市的常昆工业园

采访当天，位于常昆工业园的洛伊罗尔服饰的生产车间内，工人正争分夺秒地生产。这家企业出品的“合叙”牌保暖内衣不但扎根辽宁市场，最近还接到长春、哈尔滨和山东地区的订单。

总经理徐磊告诉记者，企业准备在年底前扩大生产规模，而且正在招兵买马建立研发设计团队，弥补企业发展短板。

徐磊1981年出生在辽宁沈阳，2004年毕业于抚顺石油学院经贸专业，机缘巧合下进入纺织服装业。为把企业产品推向全国市场，徐磊此前经常在沈阳与常熟间往返，两年前，他辞职来到常熟创业。

徐磊选择到常熟开厂创业，主要是看重这里毗邻上海的地缘优势，不足百里还有号称国内第一布市的中国东方丝绸市场，再就是常熟以纺织服装为主的产业集群优势。徐磊想降低产业链长度，“如果距离原材料基地近，在市场价

徐磊把企业生产的产品品牌注册为“合叙”，代表着他美好的希望

格越来越透明的当下，对企业来说无异于是降低成本。”

与此同时，作为全国最大的服装服饰市场所在地，常熟纺织服装产业2018年销售额达到1500亿元，让“常来常熟”这句广告语有更多的时尚内涵。徐磊认为，背靠江苏纺织行业这艘大船，能够让他更好地实现发展，让越来越多的消费者认识辽宁品牌。

“为帮助我，家里给了很大的支持。”徐磊的爱人也辞掉工作跟丈夫一起来到常熟，还没上学的儿子则在沈阳由徐磊年迈的母亲照顾。“基本每周能通一次视频电话，我妈从来没抱怨过一句。”徐磊说。

采访期间，徐磊依旧忙碌，来自家乡的经销商不时打来电话。徐磊的企业主要生产保暖产品，包括保暖内衣在内有五大品种十余个类别，商品的商标有个响亮的名字——合叙。

徐磊说，所谓合叙就是把两种事物合并叙述，正所谓一家人不说两家话，代表着徐磊对辽宁与江苏未来合作的美好愿望。

随着辽宁与江苏对口合作不断深化，两地之间的经济往来越来越频繁。徐磊说，在常熟服装城每天都会看到辽宁面孔，听到辽宁口音。江苏当地的食品餐饮、环境工程、商贸物流和石油化工都有辽宁企业的身影。

徐磊每天都在关注家乡，尤其关注营商环境的变化，听说沈抚新区4个小时就能开公司，徐磊说，等机会成熟，一定要回辽宁开办工厂。

档案 辽宁是体育大省，多年来持续为国家输送优秀运动员和教练员。以篮球项目为例，目前活跃在中国篮坛的教练和球员，很多来自辽宁。

时间 2019年8月6日

地点 浙江省杭州市滨江区体育馆

人物 浙江稠州银行男篮顾问　蒋兴权

不努力
对不起自己啊

盛夏的杭州，潮湿又闷热，没有一丝风。

在钱塘江南岸的滨江区体育馆，宛若一只巨大的“白瓷盖碗”，正是浙江稠州银行男篮的主场。

在通往训练馆的路上，有一条走廊，那里的一张张老报纸和一幅幅老照片，好似在静静书写着球队的昨夜风雨和今日辉煌。在展厅最显眼的位置，悬挂着一张球队的巨幅全家福，中间的老人格外显眼，满头白发，不怒自威，他正是如今作为浙江稠州银行男篮顾问的蒋兴权。

训练场内，球员正挥汗如雨，蒋兴权在旁注目凝视并不时点头，能看出他对这帮年轻人充满期待。

蒋兴权1940年出生在辽宁兴城，因为身材高大，所以从小就接受系统训练，移动快速、技术细腻和作风顽强是蒋兴权的符号，进而在1959年跟随辽宁男篮南征北战。而立之年，蒋兴权迎来人生转折——转任助理教练。6年后，成为主教练的蒋兴权，带领辽宁男篮在国内赛场所向披靡，斩获全国甲级联赛、锦标赛和篮协杯冠军。

事实上，在蒋兴权的名字前面，还有着一连串的前缀：3次执教中国男篮，先后5次斩获亚洲冠军，取得中国男篮历史最佳战绩——获1994年世界篮球锦标赛第八名，还担任过辽宁省体委副主任、中国篮球协会副主席，历任辽宁、

在浙江稠州银行男篮的全家福中，满头白发的蒋兴权是这支球队的灵魂

新疆、浙江和佛山队主教练，新中国篮球运动杰出贡献奖获得者……

年事渐高，蒋兴权多次公开表示想要休息，不再担任主教练职务，但即便在家休息他也从未远离篮球。蒋兴权告诉记者，因为之前执教过浙江队，对这里的环境和球队都比较熟悉，加上刚刚升任主教练的刘维伟做事认真，既是昔日弟子又是辽宁同乡，感觉责无旁贷，就再度离开家乡远赴浙江。

因为敢于起用年轻球员，加上善于挖掘年轻球员潜力，蒋兴权一直被誉为中国篮坛伯乐。在1992年的巴塞罗那奥运会上，蒋兴权大胆起用新人，在那届奥运会上完成新老球员交替，锤炼出以孙军、郑武、刘玉栋和胡卫东为代表的新生球员，并在1994年男篮世锦赛上历史性闯进八强。在担任辽宁男篮主帅期间，吴庆龙、吴乃群、李晓勇、郭士强和李晓旭，都是蒋兴权的得意门生。

与记者闲话家常时，蒋兴权不止一次问到辽篮近况。他说："前几天，杨鸣给我打电话，说他现在已经进入管理层。这个孩子非常好，无论场上还是场下都能起到带头作用，前途不可限量！"

"谁的青春不奋斗！"蒋兴权说，竞技体育非常现实，他年轻的时候就是这样拼的，"现在训练条件这么好，既有技术层面的进步，还有心理层面的辅

《辽宁日报》记者与蒋兴权（左）合影

导，不努力对不起自己啊。”蒋兴权指着训练场地说，以前他年轻的时候训练馆里闷热难耐，但是现在球队专门安装空调保持场地恒温恒湿，还有技术人员负责提升球员训练技巧。

回想起自己的职业生涯，蒋兴权最自豪的有两点：一是服从组织，在培育出“94黄金一代”时，突然接到委任回辽宁担任省体委副主任，他没说过一个“不”字；二是兢兢业业，即便现在是顾问的身份，也始终给自己足够的压力，努力协助教练组把工作做出彩。

“最近几年，辽宁发展非常快，每次回家乡打比赛都能看见新变化。”在蒋兴权眼里，家乡依旧是他最牵挂的地方，那里有他的家人还有他的昔日弟子，重要的是割舍不掉的家乡情。

档案 中国科学技术大学是不少辽宁学子的理想学府，多年来，考入该校的辽宁籍学生在各方面表现都很突出。

时间 2019 年 9 月 10 日

地点 中国科学技术大学

人物 中国科学技术大学 2015 届毕业生　万佳为

中科大的辽宁学生都是好样的

9月10日教师节，北京时间上午9时，大连育明高级中学和中国科学技术大学化学与材料科学学院的老师收到了毕业生万佳为的祝福微信。而身在旧金山伯克利的万佳为此刻正在放学回公寓的路上。

2019年8月，中国科学技术大学2015届毕业生万佳为获得学校本科生的最高荣誉——郭沫若奖学金，之后，他远赴美国加州大学伯克利分校深造。万佳为的班主任孙久志说，万佳为的学习成绩一直在年级名列前茅，“这个孩子不仅学习好，还全面发展，他是学校民乐队的乐手。另外，他和老师、同学关系融洽，情商很高。”

如此优秀的万佳为，来自辽宁大连。

万佳为很早就知道安徽，因为他理想中的大学中国科学技术大学坐落在安徽省合肥市。因为参加全国高中化学竞赛并获得铜牌，2015年通过自主招生，万佳为如愿以偿成为中国科学技术大学化学与材料科学学院的学生。入校时，他听说与自己同为大连育明高级中学毕业生的一名学姐获得了学校本科生的最高荣誉——郭沫若奖学金。“那时，我也下定决心，要争取和学姐一样，拿到这个奖学金。”万佳为说。

万佳为说，在中国科学技术大学自己认识的辽宁籍学生“都是好样的”，他们在学生会、社团组织的工作中表现得都非常出色。他们有的是校学生会副

万佳为获得中国科学技术大学本科生最高荣誉——郭沫若奖学金

主席，有的是学院学生会主席，还有的在学生会任部长、主任，或在招生志愿服务队当队长，在学院篮球队当队长，总之，辽宁籍学生在各方面表现得都很突出。

万佳为的话，也得到中国科学技术大学辽宁招生组组长赵延升的印证。负责辽宁招生9年，赵延升每年都要来辽宁几次，对辽宁相当熟悉。她说，辽宁籍学生的脑子比较灵活，面试时的效果很好，综合素质比较高。让赵延升印象很深的是，辽宁籍的家长相当热情，他们因为孩子在中国科学技术大学读书而给自己起了别名——科学家。每年招生时，这些“科学家”“现身说法”，帮助招生的老师推荐学校。

另外，出类拔萃的辽宁籍学生在学校各届校友中都大有人在。来自辽宁省抚顺市的梁新刚，现任清华大学航天航空学院常务副院长、教授、博士生导师；来自辽宁省大连市的杜善义是飞行器结构力学和复合材料专家、中国工程院院士；来自辽宁省新民市的赵忠贤是我国著名物理学家、中国高温超导研究奠基人之一；还有华尔街著名金融投资家黎彦修是辽宁省庄河市人；商汤科技创始人、人工智能领域的领军人物汤晓鸥来自辽宁省鞍山市……

作为辽宁媳妇的赵延升说，辽宁振兴发展需要引进更多高端人才，“辽宁籍人才辈出，如果他们愿意回到家乡工作，对辽宁的发展一定有很大助力。”

大学一年级下学期，万佳为有过一段终生难忘的经历。2016年4月26日，习近平总书记到中国科学技术大学考察，当走到图书馆自习室时，见到了正在自习的万佳为。万佳为有幸两次与总书记握手。万佳为告诉记者，尽管已经过去三年多，但那一幕记忆犹新。万佳为说：“总书记在自习室里与我们亲切交流，有机会面对面聆听总书记的教导，我们都深受鼓舞。”

在美国的学业刚刚开始，万佳为说，自己挺想家的，特别是想念大连的海鲜。“在外读书，每次被问到来自哪里，我都会告诉对方，我来自辽宁大连。”万佳为说。

口述
KOUSHU

我在法国造“太阳”

文／马云星　热核聚变国际实验中心工程师

马云星

2002年7月，15岁的我从东北育才中学超常教育实验班毕业之后被保送进入了中国科学技术大学少年班。

进入大学之后，我对物理学，尤其是可控核聚变研究产生了浓厚的兴趣。这个领域是目前少数还没有被攻克的物理学尖端领域之一，一旦突破，将对未来世界能源的格局产生深远的影响。在大学期间，我努力钻研专业知识，打下了坚实的理论基础。2006年大学毕业，为了在专业领域取得进一步的提高，我选择了出国深造，并且以优异的成绩获得了美国麻省理工学院（MIT）的全额奖学金，攻读物理学博士。

读博士期间，我加入了 MIT 等离子体与聚变研究中心，担任实验室科研助理。该实验室聚集了世界上诸多顶尖核聚变物理专家，其研究水平位于世界前列。我积极融入实验室团队，独立完成并且参与了许多原创性的研究，研究成果发表在多家国际学术期刊（SCI）上，得到许多国内外同行的认可，对推动可控核聚变研究做出了一定的贡献。

由于工作努力出色，博士毕业前，我得到实验室导师和同事的强烈推荐，申请并获得了 ITER- 摩纳哥（ITER-Monaco）奖学金。该奖学金旨在培养世界上最优秀的年轻核聚变研究人才，每两年全球范围内仅选拔5位博士毕业生进入国际热核聚变实验计划（ITER Organization），进行为期两年的博士后研究。ITER 计划是目前世界核聚变研究的最前沿项目，由中、欧、美、日等7个世界最发达的工业体参与，在法国南部普罗旺斯省建造世界上最大规模的可控核聚变装置。我以面试第一名的成绩加入了诊断部门，负责该项目最为重要的磁场诊断的技术研究与开发。由于工作中的出色表现，我成为热核聚变反应堆计划核心领域最年轻且唯一的中国籍员工。

虽然少小离家，但依旧乡音不改。每次回到家乡，我都会感到家乡巨大的变化。

档案 辽宁是东北地区最重要的茶叶集散地和消费市场。辽宁有饮茶习惯的人约占60%，花茶、绿茶最受欢迎，喝红茶的人也越来越多。

时间 2019年8月16日

地点 福建省武夷山市天心岩茶村

人物 国为茶业创办人 虞梅方

让岩茶润香沈阳

虞梅方是地道的武夷山人，但福建老家的人都说她是辽宁人。虞梅方在沈阳被授予各种荣誉称号，可一开口还是改不了的福建乡音。

每年的4月、7月、8月和11月，虞梅方都要从沈阳回到老家武夷山，因为这几个月份是采茶、制茶最关键的时期，她得全程跟踪、监督整个制茶的过程。

虞梅方的茶业基地

虞梅方

8月16日，在位于武夷山景区的天心岩茶村自家茶厂的炭焙间内，虞梅方顶着六七十摄氏度炭火炙烤的高温，指导焙茶师傅24小时里每小时一次地翻焙。别看虞梅方外表清秀，骨子里却有一种执拗、豪爽、率真的性格，正是这种性格，让她和辽宁结下深厚的缘分，对沈阳充满感情。

虞梅方在武夷山核心景区里种植最珍贵的正岩茶，自有和参与管理的茶山、茶园达1000余亩，几乎涵盖了武夷岩茶最著名的产地。虞梅方说，喝茶喝到功夫茶才是最高境界，乌龙茶的代表就是武夷山的岩茶，而武夷岩茶（大红袍）的制作技艺被评为第一批国家级非物质文化遗产。想把喝茶变成中国人的生活，这是虞梅方长久以来最大的心愿。回想起2000年来沈阳时，虞梅方说，市场上根本找不到岩茶的踪影，大家最熟知的就是绿茶、铁观音、花茶等，“当时我应邀来沈阳做茶艺培训，发现这里很多人对茶文化很陌生，也没听说过岩茶，这对我的内心产生了极大震撼。那时起，我立志把家乡的茶文化带过来。”

辽宁虽不产茶，却是东北地区最重要的茶叶集散地和消费市场。19年来，虞梅方以辽宁为中心，将福建岩茶文化辐射到了全东北，她说自己真心感谢辽宁这片热情开放的土地。据辽宁省茶业协会常务副会长兼秘书长高玉瀛介绍，目前，辽宁有饮茶习惯的人约占60%，作为茶叶的纯销区，2018年，茶行业年销售额在28亿元。花茶、绿茶在辽宁的销售均占20%，红茶近几年在辽宁的受欢迎度不断提高。高玉瀛说："武夷山岩茶的韵味、口感、文化、营养价值，十分适合东北人饮用。再加上乌龙茶、红茶都发源于武夷山，所以我们这些年一直致力于引入武夷茶的工作。"

在辽宁定居、结婚、生子的虞梅方，早已把辽宁当成家乡。"今年是我在沈阳生活的第19个年头。现在我深切感受到沈阳饮茶、爱茶的人越来越多。今后，我会继续以茶为媒介，为辽宁的振兴发展尽一份自己的绵薄之力。"虞梅方说。

档案 辽宁多所院校在景德镇设立考察创作基地。在景德镇的辽宁“景漂”有约 200 人，他们给景德镇的陶瓷艺术带去了不一样的活力。

时间 2019 年 8 月 23 日

地点 江西省景德镇市

人物 汪洋汪洲艺术馆馆长　汪洋

当“景漂”制辽瓷

8月16日，中国工艺美术大师关宝琮在受访时这样描述辽宁与江西之间在陶瓷艺术上的渊源：“从清代起，辽宁人便在江西的制瓷业发展上起到了关键作用。清代陶瓷艺术家唐英是沈阳人，他能文善画，兼善书法篆刻，且又精通制瓷。近代爱国辽商杜重远，不仅于1923年在沈阳开设了享誉全国的肇新窑业，瓷器年产量多达800万件，还在江西九江创办光大瓷业公司，任江西省陶业管理局局长，为江西的瓷业做出了很大的贡献。”

景德镇是中国首批24座历史文化名城中唯一一座以生产陶瓷而著称的古老城市。

“现在，在景德镇的辽宁‘景漂’有约200人，他们给景德镇的陶瓷技艺带来了新的活力。”汪洋汪洲艺术馆馆长汪洋是一名老“景漂”，来景德镇从事陶瓷创作28年了，“因为陶瓷，我与辽宁结下了特殊的缘分。因为我的师傅关宝琮是辽宁人，所以我对辽瓷有了更加深入的了解。2015年，我又收了来自沈阳的徒弟铁维伟。这些年我接待了数百名来自辽宁的大学生、陶瓷艺术爱好者。”汪洋提到的徒弟铁维伟是辽宁青年陶瓷人的代表之一。

铁维伟毕业于沈阳理工大学艺术设计学院陶艺系，他说：“景德镇作为陶瓷制作设计的中心，有太多可以借鉴学习的东西。2015年的一天，我与汪洋老师聊了很长时间，他的创作理念对于我们北方的陶瓷人来说很有价值。从

汪洋（右）和他的学生

那时起，我经常带着自己设计制作的陶瓷作品找汪老师指导，慢慢找到了适合自己的艺术风格。”铁维伟觉得，留在景德镇学习，自己受益匪浅。

随着对陶瓷文化重视程度的提高，辽宁的部分院校开设了陶瓷专业，培养出一批年轻的陶瓷人才。

这些人才有的毕业后前往景德镇发展，他们设计制作的陶瓷带有鲜明的关东地域色彩。其中，铁维伟在景德镇创作的新辽瓷作品引起了关注。

与铁维伟一样，孙天舒也曾专程到景德镇学习陶瓷创作。回到沈阳后，孙天舒专心研究辽瓷技艺，这些年来坚持以抢救、挖掘、恢复、推广辽宁文化和辽瓷技艺为己任。

孙天舒说，她与景德镇的朋友们一直保持着联络，经常通过电话或者微信交流制瓷心得，增进南北瓷的融合。

档案 烟大轮渡像一座跨海大桥，架起了山东半岛和辽东半岛。烟台与大连间的客运量、货运量每年都在增加。

时间 2019 年 8 月 9 日

地点 山东省烟台港客运码头

人物 渤海轮渡集团股份有限公司船长　于树杰

现在跑船
可太幸福了

8月9日，当记者站在烟台港客运码头时，被眼前一艘总长178米的“渤海钻珠”号客滚船惊呆了。“现在穿梭于大连与烟台之间的客滚船，一个比一个大，更豪华，更安全，像‘渤海钻珠’是目前亚洲最大、最先进、最安全、最豪华、装载能力最强的客滚船，但很快会有一艘条件更好的客滚船投入运营。”

烟大轮渡的客滚船十分先进

渤海轮渡集团股份有限公司（以下简称“渤海轮渡”）的老船长于树杰说。

于树杰提到的新客滚船是即将投入运营的“中华复兴”号客滚船。总长212米的“中华复兴”号客滚船主要在烟台和大连之间的渤海湾航线营运，将成为亚洲载货和载客能力最强、豪华程度最高的邮轮型客滚船。

在丹东草莓和烟台樱桃热销季节，每天晚上的大连码头与烟台码头，都聚集了一大批装满这两种水果的冷链物流车。第二天，大连和烟台的市场上，便随处可见前一晚乘船而来的樱桃、草莓。

一艘客滚船，搭载着两地特产，用6个多小时就将特产送到另一个城市，这是烟大轮渡带给我们的便利。

据于树杰介绍，“烟台与大连间的客运量、货运量每年都在增加。为此，我们渤海轮渡运营航线也在不断扩展，由原来单一的烟台至大连航线又增加了蓬莱至旅顺、龙口至旅顺两条航线。”

有数据显示，每年烟连线的客运量超过500万人次，尤其在旅游旺季和春运期间，经常出现一票难求的情况。于树杰补充说：“‘烟连’‘蓬旅’‘龙旅’三条航线，为山东半岛和辽东半岛架起了海上金桥，随着国际航线的开辟、中国社会经济的强大，我们船上的外国旅客也越来越多了。”

辽鲁一家亲，不仅体现在航线上，运营航线的这家公司——渤海轮渡，别看企业总部在烟台，其隶属关系却属于辽渔集团控股，而辽渔集团又是辽宁的省属国有企业。“每当我们有新客滚船投入运营时，很多辽宁媒体都给予宣传报道。”渤海轮渡相关人士说。

打开微博，打开微信朋友圈，打开抖音，关于烟大轮渡的信息不计其数，有些“驴友”甚至将“渤海钻珠”“渤海金珠”等客滚船列为“网红打卡地”。在于树杰看来，现在的客滚船就是一座海上的移动宾馆，视其为“网红景点”毫不为过。

当记者登上号称亚洲最大、最先进、最安全、最豪华、装载能力最强的“渤海钻珠”号客滚船时，感叹这真不愧是一艘移动的海上星级酒店：客运电梯、豪华客房、免税商店、KTV、棋牌室、24小时洗浴、烧烤广场等应有尽有。

正是因为船上的设施堪比国际邮轮，很多旅客上船就到处拍照、溜达，还

烟大轮渡船长于树杰

不忘上直播平台炫耀一下。记者乘船时，随机采访了5名旅客，他们对“渤海钻珠”的印象是：在船上简直就像到了宾馆，有吃有玩，还可以休息，太过瘾了。

于树杰说：“现在跑船太幸福了，以前我跑船时，船舶老旧，抗风浪等级小。再看现在的船，诸如通信导航设备、减摇装置和主动力设备都是世界最先进的。”

客滚船设施的大幅提升，也从另一个侧面反映了山东与辽宁两地收入水平的不断提高。于树杰说：“以前乘船的旅客，多以探亲、访友为主，而且大连、烟台本地人居多。随着自驾游的兴起，让两省旅游爱好者多了起来，我就发现这两年沈阳人驾车乘船的越来越多。”

沈阳的一个车友会负责人刘先生告诉记者，他们车友会每年夏天都会组织一次到山东的自驾游，必经线路就是从大连乘客滚船到烟台，“从山海关绕多远啊，坐船去山东更方便。”

烟大轮渡就像一座跨海大桥，架起了山东半岛和辽东半岛。从烟台到大连的海上距离为89海里，客滚船需要航行6个多小时。因为航行时间比较长，一直有人呼吁客滚船提速。

事实上，烟大航线上曾有过航行3个小时的快艇，但因过于颠簸和不安全等因素，早已停运。于树杰认为：“客滚船的船体大，旅客在船上根本感觉不到风浪，而且比快艇更安全、更舒适。此外，烟大轮渡还以载运物流车辆为主。所以，现在6个多小时的航行时间正好。”

面对两地百姓希望烟大航线提速的诉求，有没有更好的办法？早在1992年，就有学者提出了渤海海峡跨海通道的设想。其构想是：从山东蓬莱经长山列岛至辽宁旅顺，以跨海桥梁、海底隧道或桥梁隧道结合的方式，建设跨越渤海海峡的直达快捷通道。

2019年6月初，有媒体披露说，在2019年国际桥梁与隧道技术大会上，中国科学院院士孙钧表示，渤海海峡跨海通道的内部研究已到关键节点，目前，课题组已完成通道方案的战略性规划研究报告。

档案 鞍钢是中国最早生产桥梁用钢的企业。作为共和国钢铁工业的长子，鞍钢始终引领桥梁用钢的发展方向。

时间 2019 年 8 月 21 日

地点 郑济高铁濮阳段工程现场

人物 鞍钢集团钢铁研究院高级工程师　杨颖
鞍钢集团中厚板营销（服务）中心销售员　王明林

“振兴钢”会走得更远

8月21日下午，由中铁大桥局承建的郑济铁路黄河特大桥首片40米公路箱梁架设顺利完成。

河南与山东毗邻，两省省会之间的直线距离不到400公里，但是铁路客运一直很不方便，普通列车运行时间为7个小时。郑济高铁开通后，将改变两地通行效率低下的尴尬状况，铁路列车运行时间可以缩短至2个小时左右。

郑济铁路黄河特大桥的建成，对确保郑济铁路全线贯通、填补全国铁路网络空白区域，进而连接东西、沟通南北都具有重要意义。“是我们鞍钢的桥梁钢，助力郑济高铁横贯黄河。”鞍钢集团中厚板营销（服务）中心销售员王明林难掩自豪地说。

王明林在中厚板营销的岗位上工作了6年多。他告诉记者，每次参与投标和谈判，虽然过程紧张，压力大，但鞍钢的桥梁钢总是不负众望，无与伦比。虽然自己只是鞍钢集团的一名普通销售员，但看着这块钢的闪亮业绩，自己内心无比骄傲。

郑济高铁是我国中原地区“米”字形高速铁路网的最后一笔，郑济铁路黄河特大桥是郑济高铁的控制性节点工程，桥体需要的多项新技术，是我国桥梁建造技术新水平的标志性工程。

鞍钢集团钢铁研究院高级工程师杨颖介绍说，郑济铁路黄河特大桥用钢在技术上要求横纵向取样，抗拉强度设上限，屈强比要求在0.85以下，工艺窗口极窄，是此类产品最严格的要求，为满足用户需求，鞍钢集团鲅鱼圈分公司充分辨识技术难点，依托该类产品已有生产工艺及经验，通过小批量试制进行深度优化和改进产品成分设计及技术工艺，实现了对该产品的精准技术质量控制，提高了产品均质化水平，成功解决了工艺质量难题，保障了该大桥的建设进度。

站在港珠澳大桥上，杨颖深感自豪

郑济铁路项目为鞍钢桥梁钢成绩单又写下了绚烂篇章。但其实，成绩单上还有许多值得说一说的内容，比如2018年1月，鞍钢独家中标中铁山桥集团承建的德国勒沃库森莱茵河大桥钢箱梁全部钢板合同；2018年2月，鞍钢独家中标瑞典斯鲁森桥全部4000吨桥梁用钢合同，鞍钢桥梁钢首次打入瑞典市场；还有，鞍钢独家中标塔高328米的“亚洲第一高”平塘特大桥合同；鞍钢高端不锈钢桥梁复合板应用于世界首座高速铁路悬索桥五峰山长江大桥，等等。

坐在办公桌前，杨颖和另外两位同事骄傲地介绍团队参与建设的港珠澳大桥项目和深中通道项目。问及大家平日的工作状态，如何能够顺利完成一项又一项艰巨的任务，杨颖笑着说：“你看看我们的柜子就知道了。”

记者看到，他们的柜子里，有一应俱全的洗漱用品，有备用工装。大家随时加班，随时出差，鞍钢的桥梁钢团队就是这么有战斗力。

杨颖说，每次接到新任务，大家第一时间做好加班加点的准备。白天在实验室里讨论数据、做生产方案，晚上在生产一线跟踪生产，进行调试。

每次做调试是团队最紧张的时刻。如果数据出现一点儿偏差，那就意味着功亏一篑。为了让鞍钢的桥梁钢走得更远，杨颖和团队其他成员都不敢有半分懈怠。这么多年，家人早已习惯了节假日他们不在身边，杨颖说，从最初的不解、抱怨到现在全力以赴地支持，团队成员的家属也付出了很多。

“能够走在研发最前沿，我们有很多幕后英雄。在这些国字号工程的背后，是我们鞍钢的生产、销售、研发这样一支强大的队伍。”杨颖说，是鞍钢人特有的鞍钢精神，让各部门通力合作，不断创新产品和技术，坚持探索，设计开发出更多新产品，圆满完成各种重大任务。

如今，鞍钢的桥梁钢不但撑起中国桥梁的半壁江山，还飞架在美国、德国及世界各地的江河之上。

杨颖说，作为共和国钢铁工业的长子，鞍钢从生产出第一块“争气钢”开始，就把“辽宁制造”的标签印刻在中国标志性工程的历史上。1960年，我国建设南京长江大桥，鞍钢生产出第一块国产“争气钢”。此后，由鞍钢起草制定了我国第一项桥梁钢国家标准，2000年和2008年，鞍钢分别对国家标准进行了二次修订，2012年国家标准委又把对桥梁钢国家标准的修订工作交给了鞍钢。而在国外，美国韦拉扎诺海峡大桥、南亚马尔代夫跨海大桥、孟加拉国帕德玛大桥，远至非洲的莫桑比克桥，还有瑞典斯鲁森桥，都有鞍钢桥梁钢的身影。

“我们的桥梁钢还会架设在更多地方！”杨颖对未来充满憧憬。

口述
KOUSHU

港珠澳大桥上有我们的心血

文 / 杨　颖　鞍钢集团钢铁研究院高级工程师

2018年10月正式通车的港珠澳大桥，是目前世界上最长的跨海大桥。鞍

杨颖

钢生产的近17万吨桥梁钢全部用在了大桥的主体工程上，成为港珠澳大桥名副其实的主心骨。

让我自豪的是，这一工程的桥梁钢研发有我们桥梁钢研发团队的心血。

我至今还记得，那次研发，由于技术要求高，我们也是付出更多的汗水和努力，亮点频出。港珠澳大桥通车之前，我曾坐着升降机来到桥面上，走在我们鞍钢研发、生产的钢板上，听着下面海浪的声音，吹着海风，那种心情是无法用语言表达的。

我从1994年大学毕业就到了鞍钢，并在这里做了一名科研工作人员。虽然研发过程中有焦虑、紧张，虽然来了急活儿春节都不能休息的时候内心也不安，虽然与国外技术人员沟通时会因为一些刁钻的问题焦头烂额，但是这些，与这个职业带给我的幸福感相比太渺小了。因为鞍钢桥梁钢的这张名片，我的生命更有意义，我想等到我退休后，留下的一定都是美好的回忆。

另外，我还有一个好消息告诉大家，继港珠澳大桥后，连接广东省深圳市和中山市的大桥——深中通道项目是世界级超大的桥、岛、隧、地下互通集群工程，规模堪比已经通车的港珠澳大桥。工程规模和技术难度前所未有，项目建成后将创下8个“世界之最”，包括世界首例特长超宽双向八车道海底隧道、主跨1666米世界最大跨径海中悬索桥，主桥90米全球最高海中大桥。我们开发的低成本、高效率420MPa级大线能量桥隧用钢板，填补世界空白，加快了工程进度。高品质“鞍钢制造”又一次为我国跨海航运桥梁用新材料的突破提供了坚实基础，助力我国向交通强国迈进。

如果说当年南京长江大桥上的那块钢叫作“争气钢”，今天的这块钢就应该叫作“振兴钢”。70年前的共和国钢铁工业长子，70年后依然是国家建设的脊梁。

档案 作为雷锋生活和工作的两个主要省份，湖南与辽宁因为这位青年而产生了特殊的感情。多年来，两地的雷锋纪念馆共同努力，助推雷锋文化广泛传播。

时间 2019 年 8 月 21 日

地点 湖南雷锋纪念馆

人物 湖南雷锋纪念馆馆长　余旭阳

和抚顺一起
讲好雷锋故事

8月21日，记者来到位于湖南省长沙市望城区的湖南雷锋纪念馆。讲解员曹雅芳告诉记者，前几天她为几名来自辽宁的参观者做解说，感觉很亲切。曹雅芳说，湖南是雷锋的出生地，辽宁是雷锋成长和最后长眠的地方，这一起一始，呈现出一个完整的雷锋。

1940 年 12 月 18 日，雷锋出生在这间仅 10 多平方米的正房里，并在此度过了他苦难的童年

在湖南雷锋纪念馆，中小学生“争做雷小锋”暑期社会实践活动

与抚顺雷锋纪念馆一样，湖南雷锋纪念馆已走过半个多世纪。馆长余旭阳告诉记者，作为雷锋故乡人，他一直觉得，传承弘扬雷锋精神是一种历史责任、故乡情感和光荣传统。

记者发现，湖南雷锋纪念馆的每一名工作人员对辽宁都不陌生。余旭阳说：“我们馆与雷锋生前战友和辅导过的学生常有往来，他们中很多是辽宁人或生活在辽宁。”雷锋，将辽宁与湖南紧紧连在了一起。2017年，湖南雷锋纪念馆工作人员分三批到抚顺参观考察。余旭阳说，一直以来，湖南雷锋纪念馆和抚顺雷锋纪念馆都在努力助推雷锋文化在中华沃土上广泛传播。现在依托互联网平台，彼此间互联互通的机会增加了许多。

档案 伴随“当代雷锋”郭明义的事迹为全国人民所熟知，“郭明义爱心团队”逐渐走向全国，目前，分队已有 1300 多支，志愿者总数达 230 多万人。

时间 2019 年 8 月 28 日

地点 湖北省武汉市江夏区

人物 武汉市邮政局江夏区局舒安支局乡邮递员　熊桂林

特别想去鞍山
看看郭明义老师

8月28日下午，“与共和国同行”全国职工主题阅读活动武汉江夏专场如期举行。2014年曾经荣获“中国网事·感动2014”年度网络人物的熊桂林作为嘉宾参加了此次活动。

活动举办得很成功，但熊桂林觉得有点儿遗憾，因为本来想邀请郭明义来出席活动，不巧的是，郭明义当天有其他活动。但郭明义请熊桂林转达了自己对郭明义爱心团队江夏分队志愿者的问候。

熊桂林是武汉市邮政局江夏区局舒安支局乡邮递员，也是郭明义爱心团队武汉江夏熊桂林爱心分队的队长。

1990年6月，熊桂林成为一名乡村邮递员，经常为辖区居民送报送书。闲暇时，熊桂林喜欢看报纸。郭明义这个名字，熊桂林最早是从报纸上读到的。了解到郭明义15年如一日每天提前两小时上班，还资助了很多贫困学生等事迹后，熊桂林深受触动。

熊桂林在当地也是远近闻名的好人。记录乡亲们需求的本子，熊桂林记了整整30本，手机里存着300多个电话号码，其中280多个是留守老人的。因为爱做好事，熊桂林对郭明义有种天然的亲近感。他觉得，和郭明义比起来，自己做得远远不够。熊桂林决心要以郭明义为榜样，用更多的精力帮助别人。

熊桂林告诉记者，郭明义成立爱心团队的举动带给他很多启示。组织志愿

熊桂林

者团队，大伙儿一起做好事，比一个人的力量大多了。很快，熊桂林也在单位建立起志愿者组织，利用节假日为乡村老人和孩子服务。

2017年初，武汉市江夏区工会找到熊桂林，问他是否愿意成立郭明义爱心团队武汉江夏熊桂林爱心分队。听到这一消息，熊桂林兴奋不已。这是他梦寐以求的事呀！

就这样，2017年3月30日，郭明义先进事迹报告会暨“郭明义爱心团队武汉江夏熊桂林爱心分队”成立授旗仪式在武汉市江夏区举行。

一转眼，熊桂林带领爱心分队开展爱心活动已经两年多了。熊桂林始终记得，爱心分队成立那天，郭明义亲手将印有“郭明义爱心团队武汉江夏熊桂林爱心分队”的旗帜交到自己手中，“郭老师紧紧握着我的手说，献爱心最重要的方法就是要真正走到群众中间去，走到老百姓的心里。”

作为湖北首个“郭明义爱心团队分队”，郭明义爱心团队武汉江夏熊桂林爱心分队拥有志愿者6950人。两年来，爱心分队先后在武汉市江夏区舒安街道开展敬老、助学、捐助等爱心活动49次，参加活动的志愿者达1050人次，共帮

熊桂林坚持做好事

助孤寡老人、资助贫困学生1100人次，筹集、发放爱心物资总价值达5.9万余元。志愿者的出现，成为立足基层、服务村民“最后一公里”的践行者。

熊桂林对自己的要求也更高了。烈日下骑着邮车走村串巷，身上的衣服干了又湿，湿了又干。熊桂林想起郭明义说的“党让我干什么，我就干什么”，咬咬牙，蹬车的脚充满力量；头顶星辰送完东家的“农特产代卖款”，又捎上西家留守老人带到城里的“爱心菜”，郭明义所说的“助人使人快乐、奉献使人幸福”又浮现在熊桂林的脑海中，心里感到暖暖的，疲惫全无。

熊桂林说：“我和郭老师是微信好友，每当完成一次大型活动，或者在志愿服务中遇到困惑时，我都会跟郭老师聊一聊。现在，我特别希望有机会和团队骨干到辽宁看一看，到郭明义爱心工作室看一看。”

档案 2019年6月，辽宁与腾讯公司签署了一系列合作协议，腾讯将与辽宁在建设智慧城市、数字政府和工业互联网等方面展开深度合作。

时间 2019年8月6日

地点 广东省深圳市朗科大厦

人物 腾讯云架构平台部技术运营与质量中心总监　高向冉

很荣幸
能为家乡服务

高向冉是辽宁阜新人，已经在广东深圳生活了11年，目前在腾讯云架构平台部技术运营与质量中心担任总监。

在见到高向冉之前，记者与他的同事攀谈，大家都说高向冉在云计算平台领域属于专家级的人物。高向冉所在的部门负责为腾讯云的运维提供支持，腾讯云是国内第二大云计算平台。

2008年，从西安电子科技大学毕业后，高向冉进入腾讯公司，成为一名技术人员。他说自己十分幸运，加入腾讯以来，一直负责腾讯底层分布式存储平台和 CDN 平台的运营工作，积累了不少经验。

"在深圳工作生活的这11年，收获挺大，也经历了不少困难。"高向冉刚到深圳时，住在出租屋，每天乘坐1个小时的公交车上下班，后来买了自己的房子、车子，明年他的女儿就要在深圳上小学了。"有时我会慢慢回味这些过程，觉得这11年，让我坚持下来的，除了家人的陪伴与支持，还与我们辽宁人坚韧的性格有关。我们能吃苦，遇到困难不放弃，这一点很重要。另外，腾讯也给我打造了一个非常好的环境，让像我这样的外地员工也有强烈的归属感。"高向冉说。

采访中，高向冉兴奋地与记者聊起腾讯与辽宁刚刚签署的战略合作协议——腾讯与辽宁将在建设智慧城市、数字政府和工业互联网等方面展开深度

高向冉（左）指导技术人员解决问题

合作。“能够参与辽宁智慧城市平台的建设，我感到非常荣幸，一定全力做好这项工作。”

高向冉所说的战略合作协议，是指2019年6月12日辽宁省政府与腾讯公司在沈阳签署的《辽宁省人民政府·深圳市腾讯计算机系统有限公司战略合作协议》《沈阳市人民政府·深圳市腾讯计算机系统有限公司建设“数字沈阳”合作框架协议》和《辽宁省沈抚新区管理委员会·深圳市腾讯计算机系统有限公司合作协议》等相关合作协议。

高向冉说：“战略协议签署后，我们腾讯将充分发挥用户资源、平台网络、信息技术等优势，与辽宁在建设智慧城市、数字政府和工业互联网等方面展开深度合作，共同推进辽宁实体经济与互联网、云计算、大数据和人工智能等新一代信息技术深度融合，促进辽宁经济社会实现高质量发展。由此，辽宁公共服务能力和水平将再上台阶，辽宁人也可以享受更便捷的各种民生服务。”

“政务民生服务正在逐步从打通‘最后一公里’向打磨‘最后一米’迈进。在广东生活十几年，我能深刻感受到广东各级政府都在积极拥抱数字科技，无论衣食住行还是政务民生，互联网技术的广泛使用让城市生活更方便，营商环境也更好。作为一名在腾讯工作的辽宁人，我期待腾讯的技术也能够很好地在辽宁落地实践，让家乡百姓的生活更便利、更快捷。”高向冉说。

说到眼下的工作，高向冉说，团队正在全力准备国庆节期间的工作，“一名合格的运维工程师，要做到不放过任何一个细节，不放过任何一个优化点。就拿微信来说，要在任何时候都保证用户用得安全、稳定。重大节日也是我们工作压力最大的时候。我预计今年国庆的阅兵视频直播，很可能会创出流量新高，为此，我们已经做好了各种准备。”

档案 广西每年玉米的整体需求量约 650 万吨，从辽宁运来的 400 万吨占总需求量的 2/3。仅中粮每月就有 14 万吨的玉米从辽宁的港口运到钦州港。

时间 2019 年 8 月 7 日

地点 广西北部湾港钦州港区

人物 中粮贸易（深圳）有限公司广西销售部经理　张旭

坚持在
北粮南运第一线

8月7日，在广西北部湾港钦州港区，前一天晚上刚刚到达的“天福河”号货轮正静静停靠在岸边。这艘货轮是从鲅鱼圈港出发，运载了3000个集装箱、7.5万吨玉米，历经7天航程来到这里的。在港内中粮集团的粮食仓储库，装卸工人正将装满玉米的集装箱转运到拖车上，准备运往销售终端，运到客户的手里。

钦州是广西乃至南方重要的港口城市，这里是古代海上丝绸之路的发祥地，是“一带一路”的重要节点。钦州港也是重要的玉米贸易集散地。“东北是我国重要的粮食产区，整个东北三省外运的玉米，全部在辽宁的港口出港。每年，经由锦州港、鲅鱼圈港、盘锦港、大连港、丹东港、葫芦岛港等港口外运的玉米将近4000万吨，其中，运到广西的400万吨占了1/10的份额。”中粮贸易（深圳）有限公司广西销售部经理张旭向记者介绍说，养殖业是广西经济发展的主要支撑产业，现在，整个广西壮族自治区有大小饲料加工企业数百家，因为当地粮食产量较少，饲料原料粮产销缺口较大，东北地区是广西饲料原料粮最主要的来源地。广西每年玉米的整体需求量大约在650万吨，辽宁运来的400万吨，占总需求量的2/3。单单中粮每个月就有14万吨的玉米从辽宁的港口运到钦州港。

张旭是辽宁锦州人，目前在中粮贸易（深圳）有限公司广西销售部工作。他说：“我是1993年开始涉足中粮进出口业务的，2009年开始转战南方销售。

张旭（右）展示辽宁运来的玉米

这10年，与我一起被派驻南方的9个北方人，现在留下的只有3个人。我觉得，这些年我能始终如一地坚持在这里，最大的原因是身上有我们辽宁人的秉性——诚信、勤劳、坚韧。”张旭已过不惑之年，依然奋斗在销售一线，他说自己跟所有中粮人一样，时刻以确保国家粮食安全、把中国人的饭碗牢牢端在自己手中为己任。

记者了解到，近些年，随着国家对玉米临储政策的调整，玉米市场化脚步得到了提速。广西、云南、贵州等地区的饲料行业对粮食的需求量也在逐年增长，因此刺激了北粮南运数量的激增。从东北南下的粮食，一部分进入加工企业，一部分进入各级储备库。

北粮南运是20世纪80年代以来形成的。在工业化、城镇化影响下，长江三角洲和珠江三角洲等传统主产区转变为主销区，粮食生产布局逐渐由南往北发展，黑龙江、吉林、辽宁、内蒙古、山东等13个粮食主产省区，粮食产量占全国总产量的比重达75% 以上。其中，能调出粮食的有黑龙江、吉林、辽宁、内蒙古、安徽、江西等，东北地区成为名副其实的“大粮仓”，粮食源源不断地运往全国各地，北粮南运格局悄然形成。在北粮南运的过程中，东北粮食主产区的粮食由铁路、公路运至辽宁港口装船下海，经水路运往东南沿海，陆水联运因为运输成本低廉占有了重要的位置。

辽宁各主要港口均开展了粮食业务，各个港口不断投入粮食中转设施建设，成为北粮南运重要的出海口，与南方的浙江宁波—舟山港、福建漳州招商局码头、广东黄埔港、广西钦州港等港口遥相呼应，承接南来北往的运粮船。

锦州港连续十九年蝉联中国内贸粮中转第一大港，运输方式以散粮和集装箱运输为主。2017年，锦州港全年完成货物吞吐量10511万吨，首次突破亿吨大关，其中，粮食完成吞吐量2053万吨；2018年，锦州港全年货物吞吐量再攀新高，实现亿吨大港“梅开二度”，全年吞吐量累计完成10960万吨，其中，粮食货种累计完成2128万吨，不仅创建港新高，还持续在辽宁诸港“北粮南运”份额中拔得头筹。锦州港建港33年以来，1990年通航的第一艘船就是运粮船。通过数十年的不断精进，锦州港早已成为东北玉米交易主要集散地，港口玉米价格成为东北玉米价格的风向标。

盘锦港地理位置优越，腹地是重要的粮食产区。经过多年发展，盘锦港已经成为“北粮南运”物流大通道的关键节点。2018年1月29日，盘锦港开通了首列“东北—盘锦港—东南沿海”粮食班列。近年来，盘锦港物流业发展迅猛，一批龙头粮企相继在港区周边落户，盘锦港粮食物流量逐年增加。盘锦港夏天没有台风，冬天不结冰，是最安全的粮食外运港口。地处辽东湾底部的盘锦港是距东北中部、内蒙古东部地区距离最近的出海口，腹地范围广阔，粮源丰富。

“我们辽宁不仅拥有至关重要的地理位置和具有战略意义的港口，辽宁当地政府还出台了一系列的政策，开辟了粮食运输的绿色通道，给北粮南运提供了运输的便利，这些政策其实很值得南方的一些省市借鉴。”张旭说，粮食运输不等同于其他商品，运输的方式和速度十分关键。

海南
HAI
NAN

档案 每年冬天，一群来自辽宁的文学艺术工作者齐聚海南，温暖的阳光为他们提供了宜人的创作环境，使他们的创作更加蓬勃。

时间 2019年8月7日

地点 海南省博鳌

人物 著名军旅作家　胡世宗

75岁
自驾去海南

我是土生土长的辽宁人，我出生在辽宁，在辽宁上学读书，当兵到了与辽宁比邻的吉林，后又调回辽宁，直到退休在辽宁安度晚年。由于我的工作性质和兴趣爱好，我几乎走遍了全国各地，也去了世界30多个国家，但除了辽宁，与我最亲的地方是海南，海南是我的另一个故乡。

最早去海南是1980年12月，当时我在原沈阳军区政治部文艺科当干事，军委命令原沈阳军区前进文工团组成小分队赴西沙慰问守卫在那里的海军将士，小分队共28人，名单里没有我，是海军政治部发出让我与小分队同机出行采写西沙官兵的邀请函，专门增加了一个名额。这样我就有了与陈广生、朱光斗、王刚、黄宏、金星、蔡鹏等一起去海南的宝贵机会。

这次赴海南是乘坐海军航空兵的飞机，从沈阳飞到海南岛最南端的三亚军用机场，那时还没有三亚市，只有崖县。我们起航时，沈阳已是冰雪覆盖，我们穿着冬装，可是降落到海南时，舷窗外到处是红花绿树，这里的战友正在椰子树下用水盆里的水冲凉呢！祖国的幅员如此辽阔，怎能不让我诗兴大发？那是我今生第一次见到椰子树，我就琢磨这椰子树像什么，琢磨来琢磨去，我走到了“死胡同”，我没找到恰当的比喻，椰子树并不像其他的什么植物，但我却找到了更让我兴奋的“诗眼”，写下了对于我很重要的一首代表作《椰子树像什么》：

1980年在海南椰子树下

椰子树像什么？
像芭蕉？像棕榈？
芭蕉没有它高，
棕榈的质地比它细腻。
椰子树像什么？
不像芭蕉，也不像棕榈，
椰子树就是椰子树，
太像别人就没了自己。

这首小诗后来被广为流传，担任八一电影制片厂演员剧团团长的田华，拿着这首诗给演员和学员们上课，她讲，不要模仿成名的演员，要努力做好自己，保持和创造自己的个性最重要，“椰子树就是椰子树”。我在海南、西沙的47天里，写出了82首小诗。

在崖县，在这远离家乡的“南国”小街上，我欣喜地发现有一家辽宁人开的饺子馆，老板是一对年轻的夫妇，现在可能早过了花甲之年，他们这么早就跑到海南创业，那时没有现在的物流，他们怎么能把家乡的雪花啤酒运到了这里？我对他们充满了好奇，也充满了敬意。

1989年，原沈阳军区和原广州军区组织了一次“南北军事文学对话”活动，南方的军中才子到了我们关东大地，了解冰雪严寒中的军营生活；我们则到祖国的南方，呼吸改革开放前沿的热烈气息。这一次，我和北方军营中的作家、艺术家同伴一起，又一次来到了海南这片炙热的土地，万泉河水清又纯，五指山峰耸入云，热带雨林真茁壮，天涯海角特迷人……我沉醉在改革开放后海南人民敢为人先的创业大潮中，夜晚南海前线警惕的哨兵，拂晓橡胶林中割胶的女工，都给了我写作的灵感。

随着全国改革开放脚步的加快，人们生活发生了天翻地覆的变化。我也随

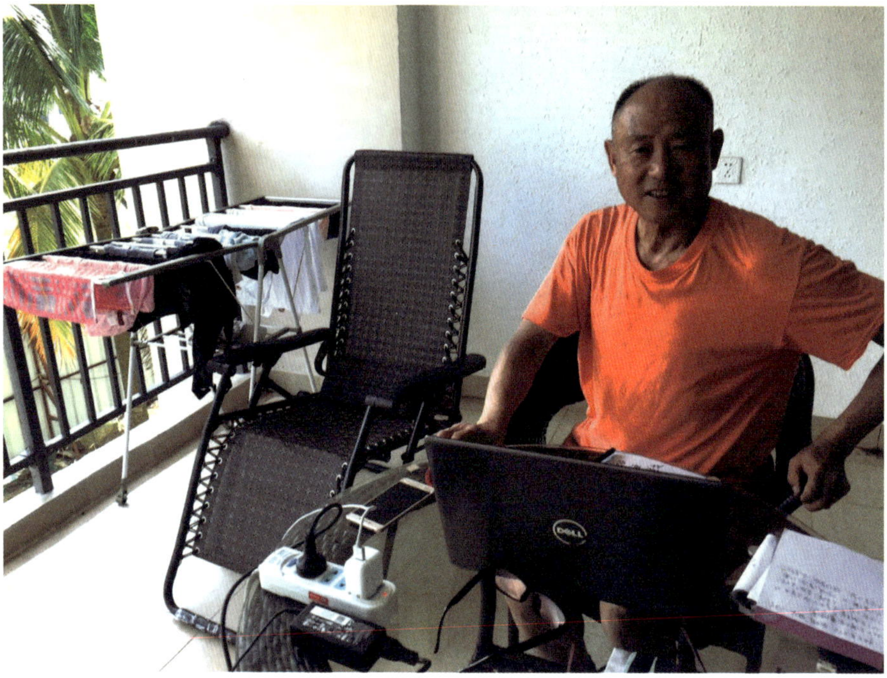

2019 年在海南博鳌住处阳台上写作

潮流而动，加入了“候鸟”庞大的队伍，每年入冬时，我都和老伴儿到海南过冬。到了这里才知道，这里有太多的辽宁老乡啊，仅从事文学创作的老伙计们就不少啊，王中才、刘兆林、刘齐、周兴华、马秋芬、马晓丽、贾凤山、栾人学……哈，海南竟然成立了“旅琼文艺家协会”，我们辽宁很多作家、艺术家都没来得及加入其中呢！

我非常喜欢海南这片土地，每年来到这里，我都觉得可以写出很多东西。当我坐在阳台圆桌电脑前，望着前面南海日出，或伸手触摸到宽大的椰子叶，耳听小鸟清脆的鸣叫，见那小松鼠在树干上无拘无束地爬上爬下，心情是那么轻松愉快，投入写作时怎能不激情潮涌？

纪念中国人民解放军建军80周年，我在海南创作了一部1.2万行的长诗《我们的军旗》，这部长诗写了我们这支军队从南昌起义到习近平总书记授旗，我以我从军几十年的切身体验，融入了我大半生对这支军队的了解、认识和蕴蓄的全部情感，也融入了我在诗歌创作道路上的阅历和写作经验的全部储备，我想尽量详细地写出这支军队的每一段路程，每一个重大的战役，每一个典型的动人细节，以及在这近一个世纪的征途上涌现出的我所知的也尽为人知的有代表性的英雄人物，我想让这部长诗成为我军光辉历史的一个带韵脚的文字档案。我从收集素材、酝酿、构思，到完成提纲、打字落笔，真的是一气呵成，自己感觉是直抒胸臆、酣畅淋漓。

纪念毛泽东等老一辈无产阶级革命家为雷锋题词55周年，雷锋基金会和雷锋精神促进会组织作家撰写《雷锋人生三部曲》。全国学雷锋“两会”的名誉会长冷宽三次来沈阳，邀我和陈广生撰写雷锋从入伍到牺牲的成长历程，这是雷锋成长最重要的阶段——雷锋的当兵岁月，他入伍，他入党，他当选抚顺市人大代表，雷锋精神也是在这一段岁月里形成和发展的。我带着先前与陈广生合作过的书稿，带着我所获得的全部素材，仍在海南那宜人的气候和安静的环境中起笔，我用1个多月的时间完成了由我主创的这部30万字的《伟大战士》，2018年3月出版。当年4月，我从海南赴京出席了《雷锋人生三部曲》隆重的新书发布会。

原沈阳军区政委刘振华就是当年参战解放海南岛的，他出过一本书记述了当年参战的历史。刘振华政委曾为我题写两个字“勤奋”，至今我仍珍存着。我的战友，也是来自辽宁的王玉祥和他的老伴儿李红新，还有家住大连的高万富、桂艳芹两位战友，他们都是40军的兵，每年都相约到海南去，每年也都邀我聚会。他们40军的前辈就是从东北打到海南、解放海南岛的。这个军的官兵很多是辽宁人，他们很多人在海南买了房子，每年战友都从辽宁或全国各地聚集到海南，缅怀前辈的英雄事迹，不忘初心，让自己的人生过得更有价值。

我们辽宁的军旅作家栾人学，年年冬天住在海南文昌，海南出版社2018年给他出版了一部引人入胜的南海传奇长篇小说《祖宗海》，受到专家和读者的喜爱，我还作为嘉宾出席了在海口举行的此部小说的研讨会。我的另一位家在辽宁的战友孙永库，曾任原沈阳军区前进报社副社长，退休后到了海南，被聘为《海南国防》杂志主编，由于他当主编，我们好几位辽宁老乡都成了这本杂志的“智库”，积极为其撰稿。我们不是出生和生长在海南这片土地上的人，却为这块土地的经济建设和精神文明建设做出了自己的贡献。

自驾海南路上

我和老伴儿连续十年做“候鸟”飞来海南，逐渐对海南的生活环境十分适应了。习惯了这里一年四季的红花绿树，习惯了这里无雪的春节，习惯了这里大年三十仍可在室外泳池游泳，习惯了这里的一年四季穿短袖衫的日子……我用微信和微博每天向亲友们报告海南的见闻和感受。我开启了我的创作品牌“小照配小诗”，我把我喜爱的海南景物拍摄下来，配上小诗传递给远方的亲友们，大家热情地为其点赞。

最让我自豪的是，2017年11月，我和老伴儿决定自驾从辽宁到海南，我们秘密磋商准备，不让孩子们知道，因为他们全反对，没有一个是赞成的。但我们终于成行了，终于把这个愿望变成了现实。长路漫漫，车轮滚滚，我们用一周的时间从沈阳开车到了博鳌。5个月后，2018年4月，我们又勇气满满地自驾从海南回到了辽宁。

这是一次车检，也是一次体检，更是一次精神盈亏的测试和检阅。我和老伴儿都七十有五，早过古稀了，我们就是要做自己想做也能做的事。

在地图上看，辽宁到海南是相当遥远的，但路在脚下，在车轮之下，只要坚定信心，坚定勇气，就没有办不成的事。我们用车辙画出了连接两个遥远省份的红线。当我手握着方向盘，自驾车从黄河大桥和长江大桥上驶过，那种自豪的神情怎能不从内心升发？我沉醉在自己的激情中，不由得放声高唱：“越过高山，越过平原，跨过奔腾的黄河长江……”

档案 辽宁的科技人才遍布全国。在许多高精尖科技领域，都能看到辽宁人的身影。他们之中，有的还是领域内的顶尖专家。

时间 2019 年 9 月 10 日

地点 长江师范学院

人物 长江师范学院教授　杨燕

春节想早点回家
逛逛五爱市场

在中国科学研究的前沿领域，从来不缺少辽宁科研工作者的身影。

出生在辽宁的杨燕从日本留学后归国，目前任长江师范学院美术学院教授和博士生导师，教育部高等学校纺织类专业教学指导委员会服装分委员会委员。在中国服装设计与工程领域，杨燕称得上领军人物。

初秋的重庆，依旧酷热难当，瓢泼般的大雨，说下就下。

长江师范学院位于涪陵区，当地盛产榨菜，长江、乌江映带左右，渝怀高铁绕城而过，是重庆“一圈两翼”战略支点上唯一的本科院校。

一副黑色粗边眼镜，优雅又干练的穿着搭配，始终挂着笑容的脸……初见杨燕，没有想象中的留洋范儿，始终给人以辽宁人踏实和质朴的感觉。在位于美术学院五楼的办公室里，杨燕向记者回顾起她的求学生涯和回国经

长江师范学院教授杨燕

历，还深入浅出地将其近年的研究成果向记者娓娓道来。

杨燕告诉记者，兢兢业业是辽宁人一贯的品质追求，也是辽宁科研工作者对历史规律的自觉把握和始终遵循。

杨燕是土生土长的辽宁人，因为小时候就喜欢美丽的事物，加之长大后受到文学作品，特别是作家张爱玲的影响，大学时，她选择主修服装设计专业。

至于是张爱玲的哪部作品，杨燕回答说是《更衣记》。在这篇散文名作中，张爱玲用炉火纯青和言简意赅的语言，描绘出当时的那个年代中国女性服装的流变，尤其是那句“女人竟没有什么时装可言”让她记忆深刻，至今杨燕在很多论文中还会引用到文中的经典段落。

杨燕1996年大学毕业离开家乡，启程奔赴日本，开启了在名古屋大学的留学生涯。

回忆起留学经历时，杨燕感慨地说，在异国他乡开启全新的生活确实值得期待，但只有离开的时候才会知道，在他乡的每时每刻都充满对家乡的思念。正因如此，杨燕放弃了日本的工作，在2012年回到阔别多年的祖国，来到长江师范学院任教，想把她的毕生所学教授给中国孩子。

高楼林立的重庆远看是山，近看是城，是在世界上都有名的山城。

在重庆不只是山给杨燕留下深刻印象，因为到处都是桥，重庆还是茅以升桥梁委员会认定的桥都，主城就有29座跨江大桥，大大小小的各类桥梁共有4500多座。

“涪陵位于重庆中部，但是从重庆到涪陵没有公交车，只能坐火车。”杨燕说，当高铁列车穿过第一个隧道时，她感觉应该是快到涪陵了，但是38分钟的旅程里隧道一个接一个。

事实上真正给杨燕留下深刻印象的，是影响几代中国人的小说《红岩》。重庆和辽宁虽然有着千里之隔，但是同样英

长江师范学院美术学院教授杨燕在给同学们上课

雄辈出，为新中国的诞生做出了各自的贡献。

杨燕在日常教学和科研工作中刻苦钻研，敢于创新，一篇篇论文的发表结出一个个科研成果。

杨燕说，她的研究领域比较特殊，在服装设计的基础上加入了理工学科，重点研究服装生物材料。

比如说，每到夏季人们最担心蚊虫叮咬，不但吸血，而且影响人们的睡眠和休息。“有人说，喷上防蚊剂不就可以了吗。”杨燕说，防蚊剂容易造成过敏，而且具有时间短和效果不好的问题，所以她想到具有防蚊虫功能的服装面料，“只要穿着特殊材料制成的服装，以后就再也不用怕蚊虫的叮咬了。”

杨燕研制的防蚊虫服装面料，主要是以高效防蚊虫的纳米级微胶囊，通过特殊办法在面料表面形成不溶于水和一般有机溶剂的驱蚊药膜，对蚊、蝇、蚤、虱具有高效、快速的击倒灭杀效果和驱避作用。通过特殊处理，这种面料还具有良好的柔软性，织物不发硬，重要的是有着良好的耐洗性，不至于短期失效。

杨燕说，这种面料广泛应用于蚊帐和窗帘，尤其是需要长期在特定环境下工作生活的特殊人群，避免蚊虫侵扰的同时也可避免疾病传播。

由于特殊的地理环境，重庆还是远近闻名的雾都，具有独特的饮食文化。

重庆火锅，是重庆最有代表性的美食，这种起源于码头上的粗犷的餐饮方式，如今在扎根重庆的同时已经流传全国，香飘世界。

杨燕说，她到重庆后也经常吃火锅，一汪红汤上满满都是红亮的辣椒，撩拨着味蕾的同时，也总能让她想起家乡的铜火锅涮羊肉。与重庆火锅不同，家乡的铜火锅往往只要一锅清水，涮肉的顺序要先下肥瘦相间的羊肉，用醇厚的羊油滋润汤底，涮肉的时候筷子也不能松，要趁着羊肉刚刚变色的时候赶紧取出。

杨燕经常做上几道拿手的家乡菜，给同样在异乡的学生吃，学生也会在教师节送上自制的礼物，感谢杨燕不辞辛劳的耐心教导。

采访的间隙，有学生到办公室来找杨燕，或请教专业问题，或是讨论最近生活遇到的问题。

一名学生告诉记者，系里同学与杨老师的关系是亦师亦友，杨老师的课深受学生喜爱，她总是那样和蔼可亲。

因为承担国家重要科研任务，杨燕有时也会感到疲惫，但是从迈入教室的那一刻起，她就精神倍增，以激情洋溢的面貌出现在学生面前。教学中，她从来都是知无不言，尤其注重培养学生严谨的学习态度。在写毕业论文和进行毕业设计时，面对学生的疑问，杨燕总会亲自去实验室为学生做示范，学生的毕业设计全部得到评阅老师的好评。

杨燕总是告诉学生们，严谨的态度是进行科研工作的基础，容不得半点儿马虎，科学最讲究的就是“认真”二字。

不仅对待科学认真，杨燕在生活中同样认真。杨燕说，在沈阳时，她经常逛五爱市场，考察服装的面料、款式、色彩和结构。“以前人们不太注重质量等细节，很多面料存在甲醛超标问题。”杨燕说，有时候她向摊主提到质量的问题，就会遭遇白眼，为此还闹过很多次不愉快。

因为平时有教学任务，论文和实验大多放在假期进行，所以杨燕只能在春节回家，但是五爱市场春节放假，所以她好多年没去了。杨燕告诉记者，如果时间允许，2020年寒假她想早点儿回家，毕竟家里的亲人年纪都大了，她很想回去跟家人热闹热闹，吃吃家乡难忘的涮羊肉，逛逛家乡熟悉的五爱市场。

四川
SI
CHUAN

档案 2008 年，绵阳安州遭遇 8.0 级地震。地震发生后，辽宁对当地展开对口支援，先后实施了 102 项援建工程。

时间 2019 年 8 月 4 日

地点 四川省绵阳市安州区

人物 安州区工业信息化和科技局局长　张琳琳

安州
永远感谢辽宁

如果不是一场突如其来的8.0级地震，绵阳市安州区（原安县）无论如何也成不了辽宁的第45个县；如果没有辽宁举全省之力的援建，安州区的经济社会发展更不可能提速20年！

8月4日中午，当记者第一次踏上安州这片“5·12”地震重灾区时，被这里随处可见的辽宁元素震惊了：辽宁大道、辽宁广场、辽安公园、辽安路……在宾馆办理入住手续时，服务员热情地对记者说：“先生，听您口音是辽宁的吧？咱们安州多亏了辽宁，我们永远不忘辽宁对我们的无私支援！”

从2008年5月12日遭受地震，到2019年已经过去11年了。在废墟上矗立起

安州区到处可见辽宁元素

张琳琳（左）向《辽宁日报》记者介绍情况

的辽宁第45个县，现在的发展情况如何呢？辽宁又是通过何种方式助推安州的涅槃重生？

现任安州区工业信息化和科技局局长的张琳琳，是咱辽宁人。在“5·12”地震时，她正在晓坝镇担任副镇长，而该镇又是安州的重灾区之一。地震无情，人有情。“当我知道家乡人民倾情援助安州时，我一下子就哭了。我知道，重建之后的家园，肯定会比以前更好、更漂亮。”张琳琳回忆说。

当记者与张琳琳一同来到晓坝镇中心广场时，她指着广场上的36根文化图腾柱阵说：“柱子上既雕刻了沈阳故宫、东北二人转等辽宁的文化符号，也有像文星阁这样的安州特色风物，这柱阵是辽安文化和辽安情谊的见证。”

走出广场，记者惊奇地发现四周的街道尽是以沈阳、营口、鞍山等辽宁城市名字命名的。而晓坝镇那一栋栋、一排排各具特色的川西民居，融合南北风情和文化元素，成为四川灾后恢复重建的一个亮点。

张琳琳介绍说：“晓坝镇在地震中受灾非常重，震后经专家论证，需要异址重建。为此，辽宁为晓坝重建投入了两个多亿。”晓坝镇重建后，很多来过这里的人开玩笑地说，晓坝镇是千里之外的“辽宁小镇”！

在从晓坝镇返回安州城区的路上，记者发现路牌上写着“辽安路”，这条马路与辽宁援建有关系吗？“辽宁援建的重点工程便是全长近30公里的辽安路，另外还有一条辽宁大道，这两条道路让安州人民受益匪浅，实现了外部联通、内部畅通的交通体系，而且各个乡镇距离城区的开车时间缩短至半个小时。”张琳琳补充说。

正是依靠辽宁援建，安州的基础设施得到根本性改善，像辽安路、辽宁大道等重要公路的修建，不仅一举实现了当地多个乡镇几十年来的通车梦，更有力助推了绵阳与安州的同城化进程。

2010年底，辽宁援建前线指挥部最后一批工作人员踏上返乡旅途，这标志着历时两年多的援建工程全部结束。“尽管人走了，可我们仍然十分挂念2000公里外的那片土地。当我们从新闻媒体上获悉，安县被批准撤县设立安州区后，顿时感到无比骄傲与自豪。”曾参与援建安州的一名工作人员感叹道。

时间定格在2016年5月20日，这天上午绵阳市安州区成立大会隆重举行，安县就此成为历史。安州区距离绵阳市中心仅10公里，但因之前工业基础相对薄弱，一直未能成为绵阳经济发展的引擎。

当辽宁的援建大军挺进安州时，辽宁便提出了“输血与造血并重、重建与发展并举”的思路，安排5.6亿元援建资金用于辽安工业园基础设施建设，同时将华晨集团南方公司的汽车及零部件项目引入辽安工业园。

华晨集团犹如一粒种子，让安州的汽车产业由小变大、由弱变强，安州正朝着“汽车之城”的梦想前进！据悉，安州目前已将工业提高到产业发展的第

航拍安州城区（摄影：张祖强）

一位，并选择了新能源汽车、新材料等产业作为全区工业发展的主要方向。

据安州区区长李昊天介绍，安州围绕建设“四川第二大汽车产业基地和全省最大新能源汽车产业基地”目标，大力推动汽车及零部件产业集聚集群发展。“华晨集团决定将安州的生产基地，建设成全集团的新能源汽车生产基地。”绵阳华瑞汽车有限公司总经理助理赵正海说。

正是因为辽宁在援建过程中将“输血”与“造血”并重，才使得安州的工业得到飞速发展。安州区政府相关人士表示，如果没有辽宁帮他们奠定良好的工业基础，安州不可能这么快融入绵阳科技城，驶入经济发展快车道。

每晚7时以后，跳广场舞的、玩轮滑的、遛弯儿的聚集到辽宁广场上，霎时间，偌大的广场便人声鼎沸，场面十分热闹。张琳琳说：“辽宁广场是辽宁援建的重点项目之一，现在成为安州百姓休闲、娱乐、健身的好去处。”

辽宁广场中央矗立着一座纪念碑，碑正面是“辽宁广场”四个大字，碑背面是《感恩辽宁援建记》，底部基座刻着“永世不忘”。据统计，辽宁对安州的援建资金达到40.27亿元，先后实施了102项援建工程。援建后的安州，迅速从一座偏居一隅的川西小城，成为幸福感超强的川西小城。

在总结辽宁援建工程时，当地政府负责人曾这样说：现在我们这里，最漂亮的是民居，最坚固的是学校，最现代的是医院，最舒适的是敬老院，最满意的是人民群众。记者就此在辽宁广场随机采访了几名安州人，他们纷纷表示，辽宁援建后，他们的幸福感得到极大提升。

当地人陈先生对记者说：“以前我们的县医院医疗条件太一般了，有病了多数时候只能往绵阳市医院跑。现在，安州医院软硬件都不逊于市里的医院了。”确实，当记者走进安州区人民医院时发现，绿荫草地、凉亭长廊、音乐喷泉相融的花园式医院堪比沈阳的一些三甲医院。“我院在辽宁的帮助下，硬件设施、医疗水平得到飞速提高，现在已是三级乙等医院了。”该院宣传科科长刘亚自豪地说。

在废墟上矗立起的辽宁第45个县——安州，正昂首挺胸奔跑在快速发展的康庄大道上。“安州今日取得的成绩，都与辽宁的倾情支援密不可分！安州永远感谢辽宁！”张琳琳动情地说。

贵州
GUI
ZHOU

档案 辽宁大连与贵州六盘水，因东西部扶贫协作而结缘。其中，大连市中心医院对口贵州省六盘水市人民医院，开展医疗卫生扶贫协作工作。

时间 2019年8月31日—9月2日

地点 贵州省六盘水市

人物 大连市中心医院心血管内科医生　商卓

我来六盘水
是为了把技术留下

8月31日　阵雨

今天周六，过得比较充实。其实，这一年每天过得都比较充实。上午去水矿总院（六盘水市另一所三级医院）指导手术，查看疑难患者。下午得闲，去了一趟贵州省三线建设博物馆。记得去年在大连的时候，朋友听说我要来六盘水，就建议我一定到这个博物馆看看。转眼一年过去了，平时太忙没空，心里想着再不去，过几天回家了，再来不知道啥时候呢，所以参观的事就被列入日程。

三线建设博物馆比我想象的有内涵。作为“七〇后”，之前我对“三线建设”一知半解，只从家里的老人那听到过一些。但看到馆里丰富的历史文献、照片和生产生活用具，还是很震撼的。20世纪60年代，多少辽宁有志青年响应号召，千里迢迢赶赴祖国各地支援建设！他们挥洒汗水，贡献智慧，给当地带来巨大改变……不知怎么，一个人在博物馆里眼睛有点湿润，好像冥冥之中我就应该到六盘水来。半个世纪前，我们辽宁的先辈在这里甘于奉献；半个世纪后，我们辽宁人仍然无私地对口支援，三线精神始终在两地之间延续和传承。

从博物馆回来，直接到六盘水市图书馆退书、退借阅卡。工作人员看着我退还的专业书和小说，问我：怎么以后不借书了？我说，要回家了。他善意地对我笑笑。

晚上，和科室的几个小兄弟，还有兄弟医院的同事一起约个饭。这顿饭吃得有点伤感，也不知道下次把酒言欢会在何时！

回到宿舍，给老婆发条微信，汇报一下今天的行踪。老婆戏谑地说：哟，这一年像单身汉一样的生活，自由自在，回大连后还得帮我带孩子、做家务，能适应吗？

我当然能适应。这一年，家里家外的事情都扛在妻子一个人的肩上，回家后，我得加倍表现，弥补这一年在家庭里的缺位。

9月1日　阵雨

早晨查房之前，觉得办公室氛围不对劲。我问小刘怎么了，他说，大家知道我快回大连了，心里舍不得。

这一年，几乎每天都和科室里的同事们一起摸爬滚打——每周一、周五日常诊疗工作，包括医疗查房、教学查房、科室讲座等；周二日常工作；周三上午门诊后去水钢总院（六盘水市另一所三级医院）指导手术；周四固定手术

2019 年 3 月大连市中心医院与六盘水市人民医院远程医疗正式开通

日；周六有时去水矿总院指导手术，查看疑难患者。他们舍不得我，我也舍不得他们啊！

2017年，大连市中心医院开启了对六盘水市人民医院医疗卫生扶贫协作工作，从医疗技术、重点学科、人才交流培养等多方面，进行全方位的帮助和指导，让六盘水市人民医院管理水平和技术服务能力得到明显提升，切实解决了当地百姓看病难、看病贵、看病远的医疗问题。

我们确立了8项援助项目，每个项目设立专门负责人，以长期派驻和间断派驻相结合的方式开展指导手术、专题讲座、教学查房等帮扶工作。

此外，六盘水市人民医院还选派技术骨干到我们医院进修学习。比如目前正在我们医院呼吸内科进修的王晶，她在微信中对我说："商医生，你们医院的医生和当年支援三线的建设者有个共同特点——工匠精神。我在他们身上学到很多实在的东西。"那一刻，我真为自己是来自辽宁的医生感到骄傲。

我至今记得临出发那天，副院长林海龙嘱咐我说："你要记住两个问句：对方缺什么？你擅长什么？派你去不是让你秀技术，而是想办法把你的专业和技术给那里的医生留下。不要以扶贫的姿态去工作，要把辽宁人性格中的豪爽、大气体现出来。"

从海滨城市来到大山深处的城市，一年间，我做到了让驻地医院、科室、患者满意，现在看来，到了交卷的时间，我的答卷肯定及格以上。

9月2日　晴

今天真是太累了。凌晨2点多，急诊送来一名67岁的男性患者。夜间他在麻将桌上发病，胸痛气急。牌友把他送入医院急诊，科主任见病情危重，叫我一起看患者。类似的患者以往的处理是转上级医院，如果家属不同意就在ICU保守治疗。我看这个患者没有转院的时间了，建议马上冠脉介入手术治疗，这样危重的左主干心肌梗死病变，不介入治疗死亡概率极大，即使万分侥幸生存下来，也多数会在短期内因再次心肌梗死或者反复难治性心衰死亡，难以谈及理想预后。

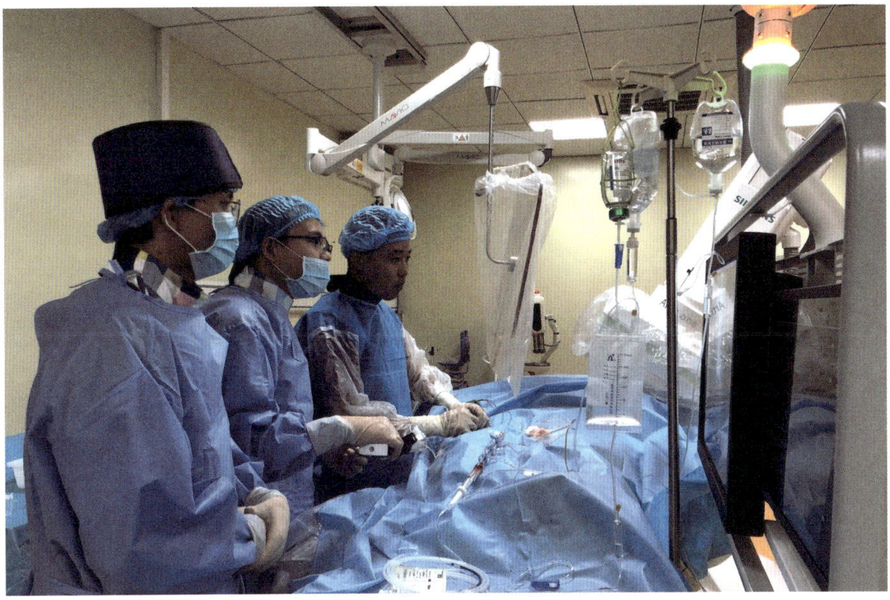

大连市中心医院的商卓（右）为六盘水医院的患者做手术

我的建议让本院医生感到惊讶，但也受到了鼓舞。

危重患者规范操作术后或者术中死亡，医生都要承受压力，在这里更为甚之，如果出现意外，整个村子都来讨要说法。另外，医生对于此类患者具体该如何进行手术，也没有尝试过。

没有太多时间，我用最简单明了的话与家属沟通。家属对我这位辽宁来的医生说：同意手术！医务科立即协调设备科、麻醉科、ICU、导管室、心内科，气管插管，呼吸机辅助，转运呼吸机承接，麻醉剂辅助呼吸，全麻，血管活性药物支持，生命体征监测。过程略显慌乱，但我能感受到，每个人都像一名上战场的战士，尽力把自己的工作做好。手术成功的那一刻，我看到有的医护人员眼里闪着泪光。

晚上回到宿舍，开始整理行囊。再过三天，我将回到大连。

以前我对“你的岁月静好，是有人为你负重前行”这句话无感，可这一年，对这句话我是感同身受的。我能在六盘水顺顺利利地工作，与家人的支持、我们医院的同事对我的帮助密不可分。记得我刚到六盘水不足一个月时得知孩子高热，家里只有妻子一人，吃过口服药后不见好转，医院 CT 诊断肺炎，需要住院治疗。妻子无助地给我打电话，我只能硬着头皮联系我们医院，没想到我们医院迅速组织部门，我所在科室、儿科都给予了极大的关心。大家都建议我回去看看，我们王院长亲自打电话让我回大连。我与妻子通电话说，这么多人帮助我们，我不打算回大连，我的医生同事们会帮助我的孩子，我也应该尽一名医生的责任，帮助六盘水的患者。

纵有多么不舍，还是到了离别的时刻。

一起装进行囊的，还有那些珍贵的回忆和满满的学术收获。

我不是辽宁实施医疗卫生扶贫的第一位医生，也不是最后一个。我相信，会有更多辽宁医生站上医疗卫生扶贫第一线。

口述
KOUSHU

五次重回“阵地”

文 / 崔文权　大连市中心医院关节外科主任医师

我是我们医院启动对六盘水市人民医院医疗卫生扶贫工作后第一个长期驻院的医生。

2017年6月，我第一次来到六盘水市人民医院，这里的硬件设施比我想象中强得多，和骨科的医护人员接触几天后，我发现这里和我多年工作的医院有区别。之后的一年多，我在学术讲座、人才培养、创新技术等方面投入很多精力，从现在的情况看，还是给医院的这一学科带来了很多益处的。

有一天，一位年轻的医生对我说：“你们辽宁的医生真好。你们不是到这来包揽所有疑难杂症的手术，而是甘愿给我们当助手，站在旁边指导我们应该怎样做。”我一想，来六盘水以后，前五例手术我是亲自来做，其他的都是站在手术台前现场指导。

2018年7月，我结束了在六盘水市人民医院的工作回到大连。记得上飞机时我还在想，不知道何时才能再和这里的同事们见面。没想到第二个月，有一个疑难病例不好处理，我又回到六盘水完成了医院首例微创膝关节单髁置换术。2018年12月，2019年5月、7月和9月，我又以短期帮扶医生的身份回到六盘水，为精准扶贫户制定省钱又有效的治疗方案、指导骨一科医生为晚期股骨头坏死的患者手术，并专门为骨一科做了一场题为“膝关节单髁置换术”的专题讲座。

我和六盘水市人民医院的情谊始于2017年，这千里之外的友谊，我倍加珍惜。

崔文权不仅仅在医院指导骨科工作，
他还积极参与到下乡扶贫义诊的工作中

档案 在云南丽江古城里，经营客栈、饭馆、摄影工作室的辽宁人不在少数。他们年纪轻，创意足，以充满自信的姿态展现出辽宁人的朝气和活力。

时间 2019 年 9 月 14 日

地点 云南省丽江古城

人物 摄影师 李忠昭 柴华

去丽江
闯一闯

这几天，李忠昭非常忙。到丽江一年多，随着业务的不断拓展，目前的店面已经不能满足需求。短短一年就升级店面，周围的人都竖大拇指。李忠昭和柴华说，这是因为在大连的事业基础打得好。

2005年，李忠昭和柴华从大连工业大学艺术设计学院毕业。这对校园情侣思来想去，决定一起留在大连发展。

两人在大连的一家杂志社工作了一段时间后，又转战一家日资企业。一年后，两个向往自由的年轻人决定一起辞职创业。

不久，李忠昭和柴华的摄影工作室开业了。

李忠昭负责拍摄，柴华负责化妆、修片。日子虽然很忙碌，但两人乐在其中。后来随着工作室逐渐走上正轨，两人聘请了更多专业人士。

柴华告诉记者，当时大连的海景拍摄还没完全打开市场，一般的影楼多，能彰显人物个性的工作室比较少。学工业设计和艺术设计的两人对每一位顾客都认真“琢磨”，拒绝千篇一律式的拍摄，逐渐积累了不少顾客。

虽然如今已经离开大连，但想起在大连打拼的日子，小两口很是怀念。

柴华记得，当时，大连的傅家庄、棒棰岛、金石滩、中山广场、南山步行街和游艇基地等都是拍照胜地，工作室精心选择拍摄地点，用心服务每一个客户，不少客户后来都成了他们的朋友。“有一对从英国归来的留学生，因为婚纱照拍得很满意，又订了一套照片，先后拍摄了两次婚纱照。”柴华说。

小两口的摄影工作室做得风生水起，不过，到了2018年，工作室发展进入瓶颈期。由于北方秋冬季节较长，每年有将近一半的时间属于摄影淡季，再加上大连的市场竞争日益激烈，李忠昭和柴华都意识到，也许到了拓展新市场的时候了。

受朋友邀请，李忠昭再次前往丽江考察市场。之所以说再次，是因为两人由于探亲的缘故，曾经多次自驾到云南，丽江更是去了好几次。

“我们全家都很喜欢丽江，除了饮食，对那里独特的风土人情也很感兴趣。”柴华说，大连和丽江两座旅游城市最大的不同是气候，海洋性气候的大连湿润，而丽江气候则很干爽。

朋友问李忠昭是否愿意把摄影工作室开到丽江，看着丽江古城里人头攒动，看着周围的景色，李忠昭就下了决心。

从选店面到装修，再到新店开张，“I Do 全球旅拍”用了不到一个月的时间，就在丽江古城落户了。

李忠昭的摄影工作室业务很繁忙

丽江的古朴与寂静别有一番风味。无论是古城还是玉龙雪山，或是湿地公园，很多客户都愿意拍摄一套人与自然浑然一体的照片。李忠昭说，在丽江，工作室面对更多来自全国各地，甚至是国外的客户，这就要求他们在前期沟通、拍摄、服务、出片等方面提供更高质量的服务。

另外，在大连时，拍摄照片多请朋友帮忙，而在丽江，为了出片效果需要邀请模特及专业人士参与。这些变化让李忠昭和柴华在短短一年多的时间内成长了许多。

走出家乡，李忠昭和柴华发现，辽宁人在全国各地的游客心中有一种共同评价，那就是爽快、热情、诚信，不藏心眼。

“很多人爱听东北话，爱和东北人打交道，知道我们工作室是辽宁人开的，他们都很信任。”李忠昭说，工作室的产品套餐大多包含食宿，他们不会为了多赚点，就把客户安排在条件差的宾馆，而是尽量让客户在食住行等方面都感到满意。

由于工作太忙，到了丽江之后两人一直没机会回辽宁。不过，对于家乡的变化，两人一直非常关注。

特别是和丽江的朋友在一起时，李忠昭和柴华最喜欢跟大家聊辽宁的那些事儿。当听到辽宁的营商环境改善了、外商投资更多了等消息时，两人都很高兴。

“平时遇到辽宁来的客户，我们都觉得很亲。”柴华说，“没准儿哪天，我们又把事业重心搬回家乡，其实，这也是计划中的事。”

档案　辽阳市第一中学西藏班已经开办了34年。截至2019年，从这所学校毕业的西藏班学生共有4779人。

时间　2019年8月29日

地点　辽阳市第一中学

人物　辽阳市第一中学西藏班

辽阳也有
我们的“爸爸妈妈”

“这里的学校可真大啊！食堂的饭菜真好吃！4个人一间的宿舍真干净！我和爸爸从拉萨坐了两天两夜的火车来到辽阳，一下火车就有老师和学哥学姐们来迎接，帮我拿行李，就像到了家一样！”来自西藏自治区拉萨市堆龙德庆区的12岁女孩德吉曲宗操着流利的普通话告诉记者。

德吉曲宗的家在牧区，小学时在拉萨市第三小学就读。按照当地教育部门的规定，考试达到一定分数线（农牧民家庭学生321分、城镇325分）后通过集体摇号和自主选择，有机会到内地西藏班上学。

8月29日，距离正式开学还有3天时间。记者了解到，辽阳市第一中学西藏

左林老师（左四）2年4班的学生在准备国庆节演出的节目

送孩子来上学的家长

班2019年招收的藏族新生共有188名，由于路途遥远，许多人都提前几天赶到了辽阳。

采访这天，老师和学哥学姐们忙着帮助新生办理入学手续，分宿舍、领用品、整理内务、熟悉校园……

仁青桑培来自西藏山南市乃东区，也是12岁。他告诉记者，自己家里种青稞，也有牦牛和羊群。仁青桑培的名字里“仁青”是珍贵的宝石的意思，“桑培”是心想事成的意思。父母特别支持仁青桑培到辽阳市第一中学西藏班读书，因为他们觉得这里的教育水平更高，学习环境也更好。仁青桑培说，他爱好体育和文艺，很想在新的学校里一展身手。

左林是西藏班2019级3班的班主任，在辽阳市第一中学已经工作12年了，带西藏班也有6年。她告诉记者，自己非常喜欢这些远道而来的孩子。

自从当上西藏班的班主任，左林的春节没有一年是在家里过的，因为这些远离家乡的孩子更需要她。每年春节、藏历新年，左林都和西藏班的学生一起度过，一起吃水果、糌粑，一起穿藏袍，跳锅庄舞。

新入学的藏族学生在学习整理内务

给左林留下深刻印象的一件事是，2013年秋季，班里一名叫贡曲秋吉的女学生得了阑尾炎，需要做手术。贡曲秋吉家住那曲地区，父母不懂汉语，他们通过电话得知女儿生病后，十分着急。因为当地医疗条件有限，阑尾炎手术也算大手术，加之不了解辽阳的医疗条件和水平，因此，贡曲秋吉的父母选择给孩子做保守治疗。可是没过几天，贡曲秋吉的阑尾炎再次发作，孩子疼得撕心裂肺。左林向校领导汇报，校领导一致决定当晚就在辽阳市第三人民医院给贡曲秋吉做手术。

手术很成功，从术后第二天开始，左林每天抽时间到病房陪贡曲秋吉说话，安慰她。等到贡曲秋吉能吃流食后，左林又主动承担起每天为她做三顿饭的任务。

贡曲秋吉康复出院后，她的父母得知左林无微不至地照顾孩子，非常感动。他们专门在乡里找了一名懂汉语的乡亲，通过电话对左林表达了感激。

2016年，贡曲秋吉在毕业前夕亲手制作了一张小卡片，写下这样一段话：“我人生中最正确的选择就是选择了辽阳一中，这里的老师像亲生父母一样，

2003 年 3 月藏历水羊年的新年，辽阳一中的藏族学生身穿藏袍表演民族舞蹈

节日到来之际，孩子们互相整理藏袍

辽阳市第一中学藏族班的课堂上

辽阳市第一中学藏族班下课了

我一辈子也忘不了你们！”

来自西藏阿里地区改则县海拔4500多米牧区的初三学生次巴拉松石曲，在辽阳生活学习了三年，其间只回过一次家。回家一次不容易，火车、汽车加摩托车至少要三天两夜才能到家。刚到内地时晕氧，次巴拉松石曲的身体很不适应，因此萌生了回西藏的想法。当时，多亏老师天天找他谈心，不停地鼓励他，他才坚定了信心。现在，次巴拉松石曲已经非常适应在辽阳的生活了，而且学习成绩很好，还结交到很多不同地区的朋友。次巴拉松石曲说，他最喜欢的活动是学校给他们这些藏族孩子过年。

辽阳市第一中学政教处主任苏万奇告诉记者，自从1985年辽阳接收了40多名藏族孩子就读以来，辽阳市第一中学的西藏班已经开办了34年。截至目前，从辽阳市第一中学毕业的西藏班学生总共有4779人，其中绝大多数都回到了西藏自治区工作。

档案 从延安到沈阳，一路上留下鲁艺人扎实的脚步和从老一辈艺术家那里传承下来的鲁艺精神，成为鲁迅美术学院最珍贵的财富。

时间 2019 年 9 月 18 日

地点 陕西省延安市延安文艺纪念馆

人物 鲁迅美术学院艺术工程总公司教授　李树柏

鲁美人
再回延安

最近，鲁迅美术学院艺术工程总公司教授李树柏特别忙。9月25日，由他负责策划的延安文艺纪念馆项目顺利完工，作为向新中国七十华诞的献礼，延安文艺纪念馆赶在国庆节前夕与观众见面，对鲁迅美术学院每一位参与设计的人来说，都是一件自豪的事。

据鲁迅美术学院艺术工程总公司文创中心党支部书记常庆伟介绍，1938年，在陕西，中国共产党创办了第一所艺术院校——延安鲁迅艺术学院，简称“鲁艺”。1945年8月，党中央决定延安鲁艺迁往东北办学。出发前，毛泽东、周恩来接见了鲁艺师生，并且讲话鼓励大家。迁校队伍由周扬带领开始向东北挺进。1946年春，鲁艺经白城子、齐齐哈尔，到达了哈尔滨。沈阳解放后，张仃（著名美术教育家，中国人民政治协商会议会徽的设计者、中华人民共和国国徽设计提议者之一）到沈阳筹备鲁艺美术部。从延安鲁迅艺术学院，到1949年的东北鲁艺美术部，再到1953年的东北美术专科学校，直到1958年正式成为鲁迅美术学院，这条从延安走到沈阳的路上，一路留下鲁艺人扎实的脚步和从老一辈艺术家那里传承下来的鲁艺精神。

对于鲁迅美术学院艺术工程总公司来说，没有哪一次中标能像2018年拿下延安文艺纪念馆建设项目那样令大家兴奋。李树柏说，中标时他想到习近平总书记说过的话：“一切向前走，都不能忘记走过的路；走得再远、走到再光辉

纪念馆的效果图

的未来，也不能忘记走过的过去，不能忘记为什么出发。”

从延安走出的鲁艺人，今天又回到延安去。学院上下对这次“回家”高度重视，要求设计团队以“铸家史，修家庙”的荣誉感和责任感打造好这项精品工程。学院党委书记王慎十出席项目合同签字仪式，院长李象群亲赴延安勘察，现场指导鲁艺旧址园区的整体规划，还亲手参与雕塑创作。

2018年4月，既是延安鲁迅艺术学院成立80周年，也是鲁美成立80周年。延安鲁艺文化园区管理办公室专门给鲁美写了一封信，对鲁美为鲁艺成立80周年纪念活动义务设计纪念封和活动标识表示感谢。

如今，延安文艺纪念馆的布展已经基本结束。李树柏透露，展览亮点频出，无论是序厅的背景浮雕《群英际会》，还是油画场景《红军长征到陕北》，无论是穿越时空互动场景《鲁艺美术工场》，还是观众介入式多媒体雕塑场景《毛泽东在延安文艺座谈会上的讲话》，无论是仿真机器人《韩起祥说书》，还是剪板场景《话剧〈日出〉》，每个重要节点都突出观赏性和互动性，形式新颖，一定会带给参观者耳目一新的视听感觉。

档案 辽宁美食享誉全国，特别是风味小吃备受网民青睐，比如烤串、麻辣拌、烤冷面，等等。这一特殊现象，也成为传播辽宁文化的重要载体。

时间 2019年8月12日

地点 甘肃省兰州市七里河区火星街

人物 饭店老板　范明明

把锦州烧烤开到兰州

甘肃兰州，西关什字，天色刚蒙蒙亮。在一家本地人常去的牛肉面馆，与西北人有着同样高大身材的范明明并不引人注目，一份牛肉面、一盘牛肉外加一个鸡蛋，这是他近10年来每天的早餐。“单点一碗牛肉面，肯定不是兰州人。”范明明向身旁的记者说，兰州人性格豪爽，必定高喊：“来碗二细，蒜苗香菜辣子多些！”

吃完面后，范明明开始他一天的忙碌。他是兰州西站附近一家农贸市场的常客，跟那里每位熟络的摊主打着招呼，在他的菜篮子里有羊肉、牛肉、鸡爪和海鲜……尤其挑剔羊肉的来源，而且要肥瘦相间。装满菜篮，范明明回到七里河区火星街上的一家门市，牌匾的名字非常好记：锦州烧烤，这是他和姐姐在兰州开的第二家烧烤店。

范明明是地地道道的辽宁人，出生在锦州市黑山县，在家乡完成学业后来到兰州，他说：“兰州第一家锦州烧烤，就是我们姐儿俩开的！”范明明的姐姐叫范晶晶，18岁那年从锦州参军来到兰州，随后在兰州工作、安家。弟弟范明明跟着姐姐来到兰州。范晶晶说，起初在兰州也不适应，但慢慢发现两座城市有很多相似之处：辽宁位于东北，甘肃位于西北，锦州位于辽西走廊，兰州位于河西走廊，就连名字里也都有个“州”字。两地人的性格也很像，甘肃人实在、淳朴、好客，辽宁人直爽、豁达、善良。采访期间，姐弟俩还给记者罗

出生在辽宁省锦州市黑山县的范明明说，
锦州烧烤闻名全国，正在成为辽宁饮食文化的一张名片

列了不少共同之处，比如万里长城西部起点在甘肃，东部起点在辽宁，还有古丝绸之路甘肃与辽宁同样是重要节点。

说到美食，范明明更是打开了话匣子。他说，口感纯正的锦州烧烤色香味俱佳，“但不知什么原因，在兰州一家也没有。”后来姐弟俩琢磨着，在兰州开一家锦州烧烤店，既能推广辽宁的饮食文化，自己想吃时也能解馋，而且说干就干还真开业了。不过，姐弟俩在兰州开店时也遇到过难题，主要是因为当地人的口味问题。范晶晶说，烤馒头片是锦州烧烤的代表之一，因为外酥里嫩大家都爱吃，其中的秘诀就是烤时要刷秘制酱料，但是兰州顾客并不适应，“再就是当地人更能吃辣，我们只能入乡随俗，按照当地人口味进行改良。”

夜色渐浓，华灯初上，也是姐弟俩最忙的时候。范明明说，店里的羊肉大多选用羊排肉，必须是肥瘦相间，首先要去掉多余的筋皮和脆骨。羊肉本身就有鲜味，所以锦州烧烤也基本不会腌制，都是靠刷酱来增味。炭火也很关键，绝对不能用全红的炭，容易造成外面煳了里面还是生的。

这是范晶晶和范明明姐弟在兰州开的锦州烧烤店，
越来越受到当地百姓的推崇和喜爱

大众点评网中有网友这样评价：喜欢东北烧烤那种微甜的感觉，回味无穷……在范明明的菜单上，不只有羊肉串和牛肉串，还有烤鱿鱼、烤猪蹄和锡纸酸菜，尤其是随着物流越来越发达，像锦州干豆腐和宏宝莱汽水这样有着浓厚地域特色的食品、饮料，也都被姐弟俩拿到了兰州。“虽然每天都很忙，但想到家乡美食受欢迎，心里美呀。”范晶晶说。

姐弟俩异口同声地对记者说，等国庆节忙完，他俩准备携家带口回趟锦州，除了探亲，还想看看能不能跟家乡企业合作，把锦州小菜、北镇猪蹄、沟帮子熏鸡也引进到兰州。

青海
QING
HAI

档案 1964 年 9 月，以本溪钢厂部分设备和人员为主体的西进铁军，辗转千里来到湟水河畔，他们是第一代西钢人。

时间 2019 年 9 月 1 日

地点 青海省西宁市西宁特殊钢股份有限公司

人物 西宁特殊钢股份有限公司党群工作处 吉庆祥

当好“老三线人”的第三代

吉庆祥的爷爷叫吉成谦，出生于1932年，是辽宁海城人。1962年，30岁的吉成谦响应国家“建设三线”的号召，从本溪钢铁厂来到青海省西宁市，支援西宁特殊钢厂的建设。与他一同前往的，还有妻子、两个女儿和刚刚出生的儿子，这个儿子就是吉庆祥的父亲。

在西宁特殊钢股份有限公司的厂史展览馆，对辽宁支援青海的情况是这样记述的：1964年9月，以本钢部分设备和人员为主体的西进铁军，辗转千里来到湟水河畔，第一代西钢人打破高原以往的沉静与孤寂，打井取水，造坯搭棚，在高原异常艰苦的自然条件下，自力更生，牢记使命，拉开建设西钢的序幕。

吉成谦之所以比其他技术工人更早来到西宁，是因为他在食堂工作。吉庆祥记得，爷爷不止一次骄傲地对儿孙们说，为了让大家在厂食堂吃到家乡风味，他动了不少脑筋。

在高原地区的西宁，早晚温差大，空气稀薄，初来乍到，吉成谦全家都感到不适应，但大伙儿都坚持下来了。

吉庆祥说，当年和爷爷一起到西宁的“老三线人”，都在青海扎根落户了。职工住宅区里操着浓重东北口音的居民大有人在。

吉庆祥的父亲也是西钢人，现已退休。献完青春献子孙，“老三线人”立下的誓言真的做到了。

西宁特钢

吉庆祥1987年出生在西宁，是“新三线人”。小时候，他一直觉得自己是青海人，对于家里人说话和很多当地人口音不一样，他也觉得很好奇。到五六岁时，吉庆祥知道了自己是辽宁人。他说，每次爷爷和老家的亲戚通电话，他的海城味儿就特别浓。吉庆祥八九岁时，爷爷奶奶回海城住了三年，父亲把爷爷奶奶接回西宁时，说起辽宁农村的情况。

1999年暑假，吉庆祥第一次踏上辽宁的土地，不过不是去海城，而是跟着姥爷姥姥去了他们的老家——丹东。在通远堡，吉庆祥第一次骑上“倒骑驴”，而黑沟之行，山清水秀的环境让他流连忘返。这一次，家乡辽宁给他留下富饶、美丽的深刻印象。熟悉的乡音，也让这个出生在青海的少年真正感受到家乡的亲切感。

2005年，吉庆祥考上北京的一所大学。那年暑假，他又去了一趟黑沟，村里的房子比记忆中漂亮许多，路比以前宽了，环境还是那样优美。

14年过去了，吉庆祥一直没空再回老家，但每次在媒体上看到“辽宁”两个字，都会下意识地关注。

大学毕业后，吉庆祥回到西宁特钢工作。这让身边很多人感到不太理解。但他觉得，自己是在西宁特钢的环境下长大的，在这里，更踏实。

吉庆祥说，其实他小时候不是特别理解爷爷他们这代人，不理解他们为什么要来青海。而且，在西宁上学的时候，吉庆祥和同样操着东北话的同学也常常感到困惑：自己到底是辽宁人还是青海人？然而，每次看到爷爷和他的老乡们回忆当年为了响应国家号召义无反顾来到西宁的往事，吉庆祥能够真切感受到他们那种无悔的豪情。当自己也成为西宁特钢的一员后，吉庆祥真正理解了爷爷。

现在，吉庆祥在西宁特钢的党群工作处工作。他所在的部门有21个人，其中6个是“老三线人”的第三代。

工作这些年，吉庆祥逐渐了解到“老三线人”建设西钢的完整奋斗史，也明白了他们曾度过怎样艰辛的岁月。

“因为爱国，才能下定决心远离家乡建设西北。”吉庆祥觉得，能吃苦、能奉献是“老三线人”特

吉庆祥与爷爷、父亲

吉庆祥和父母

有的品质，“他们吃着青稞馍，住着干打垒，靠着勤劳的双手把西钢建设起来，真的非常不容易。没有他们那代人的奉献，哪有今天的西宁特钢？”

在这座由“老三线人”建设起来、养育了几代人的钢厂中，吉庆祥将继续走好自己的人生道路。他说，会告诉自己的孩子什么是“老三线人”，三线精神是多么弥足珍贵，值得永远传承下去。

宁夏
NING
XIA

档案 近年来，辽宁各地积极发展特色农业项目，形成了一批优质、特色的农产品品牌，深受消费者喜爱。

时间 2019 年 8 月 19 日

地点 铁岭市清河区杨木林子镇后杨木林子村

人物 后杨木林子村村民 吴桂清

宁夏枸杞苗在铁岭栽活了

在辽宁，很多人尝试种植宁夏枸杞苗，但由于各种原因，成功的不多。

自从2005年从宁夏引进五棵枸杞苗后，铁岭市清河区杨木林子镇后杨木林子村村民吴桂清，便痴迷于枸杞产业。历经14年的艰辛探索与努力，他终于把五棵枸杞苗变成了80亩枸杞采摘园。

8月19日上午，记者走进后杨木林子村的“吴大哥枸杞采摘园”时看到，受台风影响，一些枸杞果树东倒西歪。

“这些果不能用了，咱们赶紧收拾收拾。”吴桂清一边整理枸杞果树，一边期盼采摘秋果时能有个好收成。说话间，来了三四批外地客人，找吴桂清买枸杞蜂蜜、枸杞干红等枸杞深加工产品。

宁夏枸杞通常每年开花两次，即夏果和秋果。8月正是采摘枸杞夏果的季节。

“咱辽宁地区伏天雨水大，夏果受损也是没办法的，好在8月初抢摘了不少。”吴桂清一边说，一边拿出手机，让记者看此前他拍的视频：一串串晶莹剔透的枸杞似玛瑙挂满枝头，他与家人兴高采烈地穿梭在枸杞果树间。

据说，宁夏栽种枸杞的历史已有几千年。因为宁夏地区光照充足，有效积温高，昼夜温差大，再加上当地土壤矿物质含量丰富等因素，宁夏有着“世界枸杞之乡”的美誉。2000年以后，宁夏枸杞开始走红全国。

吴桂清（左）希望把枸杞产业发展起来

那时，吴桂清萌生一个念头，“辽宁与宁夏的气候、纬度相似，能不能把宁夏枸杞引到辽宁种植栽培？”2005年春天，家里人帮他从宁夏购买了五棵枸杞苗。如获至宝的吴桂清，在自家小院内悉心照顾这远道而来的“宝贝”。

“我听人说过，枸杞果树的繁殖能力极强。所以，我觉得养活这几棵枸杞苗，没什么难度。但事实证明，我把事情想简单了。一般来说，到8月初就可以采摘枸杞了。可我这五棵枸杞果树，只有两棵开花有果。”吴桂清回忆说。

那两棵有果的枸杞果树，其鲜果的数量、色泽与预想的并不一样。“橘生淮南则为橘，生于淮北则为枳”，在吴桂清这儿得到了验证。

受挫后，吴桂清没有放弃，他决定重新研究种植技术，力争把开花有果的两棵枸杞果树栽培成功。

经过一番改良，留下的两棵枸杞果树长满了鲜红的枸杞。此后，吴桂清家的房前屋后，也陆续栽上了枸杞果树。家里没地方了，他又到村里其他地方去栽。如今，“吴大哥枸杞采摘园”已经发展到8个基地，种植面积80亩，每年销售额达二三十万元。

参观完“吴大哥枸杞采摘园”后，记者想与吴桂清坐下来聊聊，但他抱歉地说：“稍等我两分钟，我要在抖音上发个短视频。”原来，吴桂清要把摇蜜全

铁岭的宁夏枸杞采摘园

过程发到抖音上，吸引更多买家。

趁着发视频的空当，吴桂清还让记者看了看他的微信朋友圈。不看不知道，原来他每天要发七八条，有介绍采摘园的，有制作枸杞深加工产品过程的。吴桂清说："现在是互联网时代，想把产品卖出去，必须学会开辟网络销售渠道。"

采访过程中，有三名从铁岭市内专程过来的游客。他们说，是在抖音上发现这个"吴大哥枸杞采摘园"的。"我们慕名而来，一是觉得在辽宁有枸杞采摘园挺新鲜，二是吴大哥在抖音上的视频很有趣，来看看他真人。"游客刘先生如是说。

吴桂清说："我们家的枸杞是绿色无农药的，每天都能接待四五批来采摘的游客。在这里，他们不仅可以采摘枸杞鲜果，还能买到枸杞蜂蜜、枸杞干红等深加工产品，整个采摘园会一直运营到每年的11月份。"

自从办起"吴大哥枸杞采摘园"，后杨木林子村的知名度远超周边的几个村。村民说吴桂清就是他们村里的"网红明星"。

对于村民称自己是"网红"，吴桂清笑笑说："我就是跟上时代步伐而已。在南方，有很多淘宝村，以前不好卖的农产品，通过互联网平台，销路能增加不少。"

如今，吴桂清的粉丝遍布全国各地，上海、广东等地的南方客人在网上发现他的枸杞深加工产品后，也会在网上下单订购。

随着采摘园规模越来越大，吴桂清的奋斗目标不断变化。他说：“一开始，我就想试试能不能让宁夏的枸杞苗在咱们辽宁种植成功。后来，我的目标变成把枸杞鲜果卖出去。现在的目标是把粗具规模的枸杞深加工彻底产业化。”

原来，采摘园规模扩大了，产量也增多了，但市场对枸杞的需求量并没有立刻增加。所以，吴桂清就在枸杞深加工方面下功夫。

“吴大哥枸杞采摘园”内有许多枸杞深加工产品，如枸杞干红、枸杞酱、枸杞发酵原浆酒、枸杞蜂蜜、枸杞白兰地酒，等等。

吴桂清告诉记者，为了研制这些产品，他投入了很大精力，也买了不少生产设备，但要真正实现产业化，还需要再加大投入。

吴桂清一边向记者介绍琳琅满目的深加工产品，一边念叨着自己的另一个梦想。他说：“希望我的枸杞深加工产品能走向产业化、品牌化！”

产业化、品牌化的发展方向没错，但对于吴桂清来说，要实现这个目标，难度可不小。

“我现在只是有了研发产品，并且注册了商标而已，接下来要走的路还很长。”吴桂清说。

档案 陈俊贵曾参与天山独库公路工程。他的168名战友在建设过程中牺牲，长眠在天山脚下。陈俊贵一直坚守在陵园，守护着战友们。

时间 2019年9月11日

地点 新疆伊犁州尼勒克县乔尔玛烈士陵园

人物 退伍老兵 陈俊贵

我在天山
守着战友

1979年9月，为了支援新疆发展交通事业，17岁的陈俊贵随部队参加北起独山子、南至库车的天山独库公路大会战。独库公路自1974年开始动工到1983年全线贯通，全长561公里。因横亘崇山峻岭，穿越深山峡谷，公路的修建危险性极大。在这场没有硝烟的战斗中，先后有168名解放军战士献出了宝贵而年轻的生命。

在天山深处217国道旁的新疆伊犁州尼勒克县乔尔玛，有一座乔尔玛烈士陵园。陵园中埋葬的正是为修建天山独库公路而牺牲的168位烈士。

乔尔玛烈士陵园的碑文写着：人是躺下的路，路是竖起来的碑。

1980年4月8日，是陈俊贵永生难忘的日子。在天山深处修筑公路的部队，被突如其来的暴风雪重重围困。为了营救战友，4名战士奉命出门求援，在饥寒交迫的生死关头，班长和战友把最后一个馒头让给了年龄最小的陈俊贵。

班长牺牲前留下了一句嘱托，希望陈俊贵可以去他的老家看望一下自己的父母。此后的二十几年间，无论是因伤治疗、复员回乡，还是回到新疆开始守墓，陈俊贵始终没有忘记老班长的嘱托。刚到部队没多久，只跟老班长相处了38天，根本不知道班长家的详细地址和父母的姓名。

陈俊贵说："25年间，虽然寻找的过程多番周折，但我从未想过放弃寻找老班长的家人。"直到2001年，陈俊贵的大儿子陈晓洪入伍。在一次与战友的

天山脚下，守护战友

交谈中，陈晓洪获得了极为重要的线索：有了老班长生前所在部队经过整编后新部队的去向。2005年10月，老班长的亲人终于找到了。遗憾的是，老班长的父母已先后过世。25年的寻觅，终于画上了一个不够完美的句号。

1984年，陈俊贵复员回到辽宁老家并有了一份稳定的工作，娶妻生子。但是在陈俊贵心里一直惦记着老班长和他的战友。第二年冬天，陈俊贵和妻子商量带着刚出生8个月大的儿子重返新疆，回到了班长的身边，并在离班长坟墓最近的一个山坡上安了家。

“记得刚来到这里的时候，日子过得那叫一个艰苦。”陈俊贵回忆说，没有任何收入来源，夫妻二人就开荒种地。刚到那拉提的那一年，没有住的地方，陈俊贵捡些木料搭间窝棚熬过了冬。为了解决吃水问题，他用钢钎凿开厚厚的冰层打水，但往往一担水没挑到家就冻成了冰疙瘩……

“日子过得的确非常艰苦，但是心里变得更踏实了。每天给班长和战友们的墓碑擦拭一番，除除草，感觉自己这一天活着有点意义。我要用自己的行动告慰英烈：活着的人没有忘记你们！”陈俊贵动情地说，现在，他每年会用5

陈俊贵夫妇为烈士献花

个月的时间，拜访全国各地的烈士们的父母。

2006年，陈俊贵变卖所有家产，将所得的3万余元交到了地方政府，希望能够翻修墓地。在他的感召下，当年，烈士陵园得到了修缮。据陈俊贵介绍，2006年5月，新疆有关部门投资200万元重新维修乔尔玛烈士陵园；2008年12月，独库公路烈士纪念馆建成。

如今，陈俊贵在乔尔玛烈士陵园除了看护陵园外，还充当义务讲解员，把一件件烈士事迹向前来瞻仰的人们讲解。陈俊贵说："以前陵园只有我和爱人看护，2008年县里又派了两名工作人员，使我有了更充足的时间做更多的事。作为从生死线上走过来的我，没有什么不能做的，就让我的一生为班长和筑路英烈们守候吧！是班长给了我第二次生命，是党和政府给了我幸福的生活，我有义务有责任把陵园的工作做得更好，让天下所有人都永远铭记天山深处的筑路英雄们。"

得知是辽宁的媒体来采访，陈俊贵的儿子陈晓洪帮了记者不少忙。"自从1985年来到新疆，我们一家人再也没回过辽宁老家。"陈晓洪说，"现在网络发达了，通过媒体报道，看到辽宁日新月异的变化，心底非常高兴。”

虽然多年在外，但陈俊贵也常常跟儿子提起家乡辽宁，说的更多的是辽宁人骨子里的奉献精神。

记者了解到，在修建独库公路中牺牲的168名烈士里有3名是辽宁人。陈晓洪说："比如杨波，是沈阳人，与我父亲同年入伍，和父亲乘坐一列火车到部队的，分到一个连。1980年4月20日在施工中遇雪崩牺牲，年仅21岁。王久海，1982年8月8日，驾驶汽车执行任务，在三号隧道制动失灵，掉下悬崖牺牲，年仅21岁。刘焕言，1982年11月15日，在独库公路隧道施工中遭遇塌方被砸牺牲，年仅24岁。”

说起父亲，陈晓洪说："我原来也不理解爸爸。现在是市场经济，大家都忙着赚钱，他却带着妻儿来到这里守墓。这里的生活条件太艰苦了，每顿饭都是白菜、土豆，用的水是雪水。因为雪水不干净，我们有时也去附近的小河里用钢钎捅个窟窿打水。水还没挑到家，就又结冰了……直到我进了部队后，亲身感受到战友情，才理解了爸爸。过日子离不开钱，但钱换不来感情，更不能解决一切问题。随着自己一点点成熟，我发现爸爸对我的影响很深。我现在是烈士陵园的第二代守墓人了。”

陈晓洪告诉记者，40多年前在独库公路上流传着一副对联，如今读起来依然铿锵有力："碧血洒满天山捐躯为谁——为国威军威振奋；夫妻十年分居幸福何在——在千家万户团圆。”

档案 辽宁与香港之间在科技、教育、人才、文化等方面的交流日益频繁。香港企业来辽宁寻找商机，辽宁企业依托港企优势把实体经济做强做优。

时间 2019 年 8 月 24 日

地点 沈阳中恒广场

人物 中恒置业集团董事总经理　张立

我想为辽宁振兴多出力

我在辽宁生活已经十多年了，对这片土地有太深的感情。平时只要有时间，我就在思考辽宁未来该如何发展，如何借助政策红利，实现全面振兴、全方位振兴。

香港和辽宁的渊源，得从20世纪80年代初说起。那时候，嗅觉灵敏的港企就开始在辽宁投资，对辽宁经济社会发展贡献巨大。比如在零售领域，新世界百货作为早期进入沈阳的外资高档百货，直接带动了辽宁本地人的消费升级。

港企港人的不断到来，促进了辽宁本地管理、人才、培训、科研、消费水平等软性竞争力的改变和提升。最近几年，随着辽宁推进供给侧结构性改革，辽宁与香港之间的经贸合作开始出现变化。过去，辽宁主要是期待香港的直接投资，但最近几年，越来越多的辽宁企业，包括中小企业更多的是寻求“走出去”，依托香港企业在物流、电子商务、创意设计等方面优势，把实体经济做强做优。

值得一提的是，2019年5月份，中国香港（地区）商会特地在沈阳举办了走进粤港澳大湾区政策会，助推辽宁企业参与及走进粤港澳大湾区经济建设。我们希望更多的辽宁本地企业，抓住粤港澳大湾区建设的重大历史性机遇，积极努力开拓香港市场。

近年来，辽宁与香港之间在科技、教育、人才、文化等方面的交流日益频

张立

繁。比如在刚刚过去的暑假，我帮助两名香港大学生到沈阳“九・一八”历史博物馆实习。通过这种实习交流，既能让香港青年深入了解辽宁，另外对他们个人也是非常好的爱国主义教育。

在科技方面，2017年新华集团与东北大学两个顶尖学科——钢铁和大数据计算分别建立合作关系，其中新华东大钢铁先进技术研发与转移中心，拥有钢铁领域科技开发、技术咨询、工程设计和项目管理的经验和完善的服务体系，能够为东盟国家和“一带一路”沿线国家提供钢铁企业需要的全方位服务。

文化交流方面，自2016年起，由香港特别行政区政府主办的香港主题电影展在沈阳和大连两地每年举行，将优秀的香港电影带给内地观众，引荐香港电影人与内地电影业积极互动，促进辽港两地当代电影文化的交流。

对辽宁未来的发展，我有三方面建议：

第一，希望辽宁继续大力支持沈阳的发展。资源向大城市集聚是区域发展的基本规律，也是必然趋势。未来各省间的竞争，就是城市群的竞争，或者说是核心城市的竞争。

第二，要突出辽宁的独特定位和重要性。现在大家说到东北地区，都会有一些鲜明的印象。辽宁要找到自己的标签。这些标签可以是走向全国的大众消费品，可以是旅游景点、地标建筑，可以是行业龙头，也可以是著名的展览会议，又或者是名人。我认为辽宁要精挑细选一些发力点，加大力度打造和宣传，强调和放大辽宁的独特性，在大东北的概念中突围而出。

第三，继续坚持打造全国一流的营商环境，在履行承诺、解决遗留问题方面坚决保护依法营商的企业，树立辽宁政府尊重合约精神的美誉度，为后来者建立信心。

档案 澳门用工需求旺盛的行业主要集中在酒店、餐饮等劳动力强的工种。从事这类工种的多为外地打工者。当中，有不少来自辽宁的身影。

时间 2019 年 8 月 25 日

地点 澳门

人物 厨师 田坤

在澳门
期待大湾区的未来

“你可知‘MACAU’不是我真姓？我离开你太久了，母亲！但是他们掳去的是我的肉体……叫我一声‘澳门’！母亲！我要回来！母亲！”

1999年的央视春晚上，容韵琳的一首《七子之歌——澳门》，让我第一次知道了澳门。1999年12月20日，我在家里全程观看了澳门回归祖国的电视转播。我那时就在想，自己什么时候能踏上澳门这块土地，去看看澳门的大三巴牌坊。没想到，在机缘巧合之下，我于2009年到了澳门工作至今。

陆地面积仅32.8平方公里的澳门，比沈阳市沈河区面积还小近一半呢，所以这里的每一个角落我都走过。在澳门工作整整10年了，突然发现来此地工作的东北人越来越多，而且这其中辽宁人也为数不少。澳门是著名的国际自由港和世界旅游休闲中心，出口加工业、博彩旅游业、金融服务业和建筑地产业并称澳门的四大支柱产业，而澳门用工需求旺盛的行业主要集中在酒店、餐饮等劳动力强的工种。这些工种，很少有当地人来干，所以给外来打工者创造了机会。

我来澳门的第一份工作，是在新濠天地酒店从事厨师工作。后来，我又跳槽到金沙城中心酒店。在这些豪华酒店工作，工作量几乎是内地同档次酒店的两倍以上，换句话说，我们是一个人干两个人的活儿。

从工作时长来说，同样是八九个小时而已，可刚开始，你根本不适应。每

田坤

个人就像生产线上的陀螺一样，只要工作就得满负荷地旋转。回到家里，往往胳膊都抬不起来，有时连看电视的力气都没有，倒头便睡。

身体累还好办，时间长了就适应了。语言关不好过啊，毕竟当地人交流以粤语为主，先不用说会讲粤语，你就听懂粤语也需要一段时间。

一个人背井离乡，不仅要适应当地的饮食、气候，有时候还要面对着孤独与寂寞。我来澳门时，想找到一个老乡太困难了。

我身边除了当地人，再就是广东人或外国人。一个辽宁人，孤零零地生活在异乡，现在回想起来，真不知道自己当时是咋挺过来的。为了养家糊口，什么辛苦、寂寞，全成了浮云。

在澳门打工者中，到酒店工作的人最多。这既与当地酒店业用工需求大有关，也与酒店业福利待遇比较好密不可分。我曾看过这样一组数据，说截至2018年底，澳门的外来打工者有18万多人，其中，酒店及餐饮业最多，有5万多人。

从我个人的亲身经历看，在澳门工作，福利待遇还是不错的。先说工资收入，比内地同类企业要高些。再说吃与住，一般都管吃，住是给予一定比例的房屋补贴。

员工可以自行选择在澳门或邻近的珠海市居住，然后乘坐企业提供的通勤班车上下班。到年底的时候，也会有年底双薪，以及根据公司业绩发放奖金或花红等。根据澳门相关劳工法例规定，员工每年还可享有10天强制性公众假期，以及不低于6天的带薪年假。

别看澳门酒店业用工需求量大，但对员工的淘汰率也高。在工作中，你想混日子，那是绝对不可能的，只有玩命地工作。老板是让你一个人干两个人的活儿，你要想干出色，往往要一个人干三个人的活儿才行。总之，在澳门你付出多少汗水，就会收获多少回报。无论工资待遇，还是职级晋升，一切都是相对公平的。

在澳门，关于大湾区的讨论挺多，融入国家发展大局后，澳门的未来会变成什么样子，大家都很关心。我看新闻上说，粤港澳大湾区建设对澳门破解发展瓶颈，拓展发展空间，促进经济适度多元可持续发展，不断改善居住环境和民生福祉，都提供了新的重大机遇和平台。

我个人觉得，有了粤港澳大湾区建设的政策红利，未来澳门的发展速度会更快，工作机会也会更多。

前两天报纸上说，2019年上半年到澳门旅游的人数增加了30%，而且酒店房间非常抢手，往往要提前三四天预订才行。由此可见，澳门现在正处于发展的黄金期。对辽宁人而言，澳门到处充满了商机，就看你能不能抓住了。

最近我发现，来澳门工作的东北人越来越多，这其中辽宁人也为数不少。我相信老乡们都会成功的。

台湾
TAI
WAN

档案 近年来，辽宁出台相关政策，推动辽宁与台湾之间的经贸合作，支持台胞来辽就业创业，扩大两地文化交流，便利台胞在辽宁的居住生活。

时间 2019 年 8 月 24 日

地点 辽宁某宠物俱乐部

人物 林佩芬

嫁到沈阳很幸福

坦白讲，当我和老公下定决心到沈阳时，身边好多朋友为我担心。他们说："东北可冷了，你能适应吗？那边饮食你能习惯吗？"不过我一点也不担心，因为我的另一半是沈阳人，有他在各方面照顾我，没有解决不了的困难。

我是2006年正式到沈阳工作的，那时候我还属于台湾公司外派工作人员。刚来的时候，一些本地员工对我非常热情，每天一见面，就问我有什么困难，让我心里热乎乎的。我很快完全适应了沈阳的气候、饮食，同时也取得非常不错的工作业绩。后来，我和老公在沈阳开了一家犬舍，主营柯基犬的繁殖和牵引比赛。

我比较喜欢安静，不怎么爱逛街、逛公园，所以沈阳的旅游景点去过的不多，但对沈阳故宫和张氏帅府印象深刻。尤其是沈阳故宫，一年四季都那么动人。有一次，沈阳刚下过大雪，我专门跑到沈阳故宫看雪景。我来沈阳不久，就专门去张氏帅府参观，近距离一睹昔日少帅府邸的风采。当我迈入这座近百年历史的古老建筑时，看着门廊间那典雅的彩绘，立即产生了一种回到过去的感觉。

每逢有台湾朋友来沈阳看我，我一定会带他们去沈阳故宫和张氏帅府转转，还会给他们介绍沈阳的工业文化。

定居沈阳之前，老公给我做过好几次小鸡炖蘑菇。老公说，这道菜是东北

林佩芬

菜的代表，我也很爱吃，怎么吃都吃不够。老公看我这么爱吃，觉得带我回辽宁住，肯定不用担心饮食问题。

到了沈阳以后，我的胃口也变大了，除了小鸡炖蘑菇，还爱吃扒肉条、锅包肉等。再后来，烤串、火锅、麻辣烫、烧卖、羊汤、鸡架、抻面等，我也特别喜欢吃。老公常常说我，从吃这方面看，我是一个标准的辽宁人。

辽宁一年四季分明，这样的气候环境真挺好的，尤其是到了冬天，我总盼着下雪。下雪后整个城市白茫茫的一片，简直像画一样。

现在，我每年在沈阳住的时间在8至10个月左右。回台湾的时间少了，台湾的亲友见到我都说，看，辽宁的媳妇回来了。我建议他们有机会一定要到辽宁逛逛。辽宁不仅有许多好吃、好玩的地方，最主要的是辽宁人热情、豪爽、仗义，遇到外地人有困难时，辽宁人都会主动帮忙。我的亲身体验是，跟辽宁人在一起工作、生活、相处特别轻松，他们都是直来直去的人，有啥说啥，从来不会拐弯抹角的。

近些年来，辽宁与台湾之间的经贸、文化、教育等方面的交流频繁，再加上有了两岸直航，让我们往返两地方便了不少。

作为半个辽宁人，我发自内心地希望辽宁能越来越好。

辽宁日报
2019年10月2日 星期三

庆祝新中国成立70周年

辽宁彩车特别呈献

展翅腾飞

ZHANCHITENGFEI

权威解读

彩车揭秘

展翅腾飞

机器巨人

机器巨人既代表辽宁工业的最高水平，又象征顶天立地的辽宁人，寓意辽宁在全面振兴、全方位振兴的征程上，凤凰涅槃，重振雄风。

机器巨人高7米，身后的翅膀长度为6米，翼展为4.2米，拆装的零部件大大小小有200多个。制作采用新型材料，既达到了强度要求，又减轻了重量，保证了安全。同时，运用先进的航空铣切技术，使机器巨人整体线条美观流畅。

LED屏

彩车上装置的大型LED屏幕，由四部分组成，分别为机器巨人身上的翅膀显示屏，展示辽宁英模群像的旗帜形显示屏，安装于彩车尾部代表新中国第一炉钢水的曲面显示屏以及车身两侧用来呈现钢水喷溅效果的菱形显示屏。

齿轮组

齿轮组成“1000”的字样，代表辽宁创造了新中国的“1000多个第一”。齿轮转动，滚滚向前，是驱动辽宁工业永不止步的动力之源，象征辽宁创新实干、奋勇前进。

多视角呈现

彩车整体

彩车长15米、高10米、宽6米。整体造型似一艘承载着光荣与梦想、从过去驶向未来的巨轮，在新时代的伟大征程中乘风破浪勇往直前。

芭蕾表演

芭蕾舞演员翩翩起舞，柔美空灵，与工业元素相映生辉，构成刚柔并济的独特意趣。同时，也映射出辽宁文化事业繁荣发展、人民精神生活水平不断提升的美好图景。

钢包钢水

从钢包奔涌出“新中国第一炉钢水”，象征着辽宁工业的厚重底蕴。

人机合奏

两个天真烂漫的孩子与一个智能机器人六手联弹《我和我的祖国》，共同奏响智能时代人机和谐共享的美丽音符，也传递出人们对未来梦想的奋力追求。

彩带飘扬

彩带凌空飘扬，象征辽宁的母亲河——辽河，千百年来，她孕育了文明，滋养了大地。

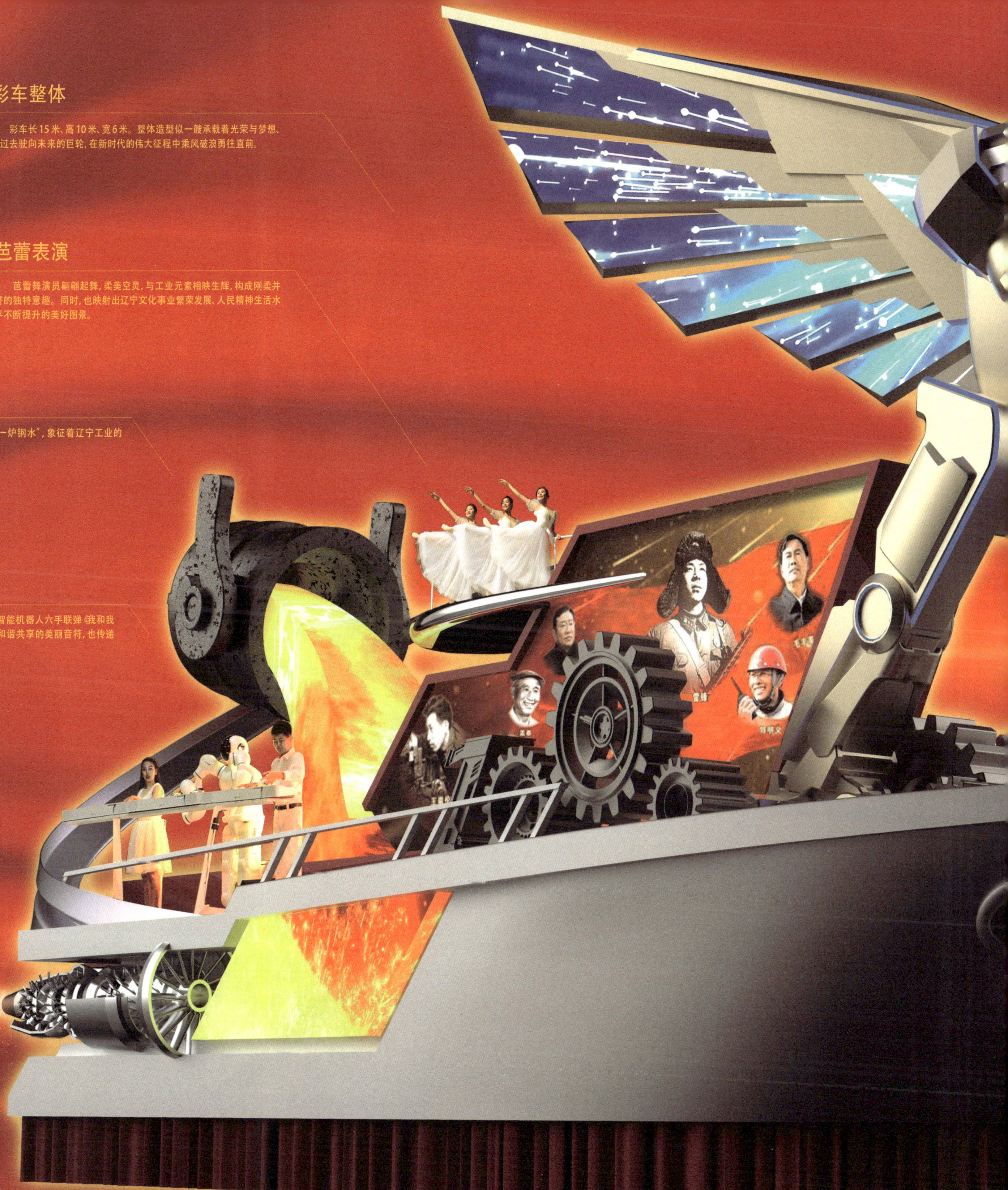

档案 澳门用工需求旺盛的行业主要集中在酒店、餐饮等劳动力强的工种。从事这类工种的多为外地打工者。当中，有不少来自辽宁的身影。

时间 2019 年 8 月 25 日

地点 澳门

人物 厨师 田坤

在澳门
期待大湾区的未来

“你可知‘MACAU’不是我真姓？我离开你太久了，母亲！但是他们掳去的是我的肉体……叫我一声‘澳门’！母亲！我要回来！母亲！”

1999年的央视春晚上，容韵琳的一首《七子之歌——澳门》，让我第一次知道了澳门。1999年12月20日，我在家里全程观看了澳门回归祖国的电视转播。我那时就在想，自己什么时候能踏上澳门这块土地，去看看澳门的大三巴牌坊。没想到，在机缘巧合之下，我于2009年到了澳门工作至今。

陆地面积仅32.8平方公里的澳门，比沈阳市沈河区面积还小近一半呢，所以这里的每一个角落我都走过。在澳门工作整整10年了，突然发现来此地工作的东北人越来越多，而且这其中辽宁人也为数不少。澳门是著名的国际自由港和世界旅游休闲中心，出口加工业、博彩旅游业、金融服务业和建筑地产业并称澳门的四大支柱产业，而澳门用工需求旺盛的行业主要集中在酒店、餐饮等劳动力强的工种。这些工种，很少有当地人来干，所以给外来打工者创造了机会。

我来澳门的第一份工作，是在新濠天地酒店从事厨师工作。后来，我又跳槽到金沙城中心酒店。在这些豪华酒店工作，工作量几乎是内地同档次酒店的两倍以上，换句话说，我们是一个人干两个人的活儿。

从工作时长来说，同样是八九个小时而已，可刚开始，你根本不适应。每

田坤

个人就像生产线上的陀螺一样，只要工作就得满负荷地旋转。回到家里，往往胳膊都抬不起来，有时连看电视的力气都没有，倒头便睡。

身体累还好办，时间长了就适应了。语言关不好过啊，毕竟当地人交流以粤语为主，先不用说会讲粤语，你就听懂粤语也需要一段时间。

一个人背井离乡，不仅要适应当地的饮食、气候，有时候还要面对着孤独与寂寞。我来澳门时，想找到一个老乡太困难了。

我身边除了当地人，再就是广东人或外国人。一个辽宁人，孤零零地生活在异乡，现在回想起来，真不知道自己当时是咋挺过来的。为了养家糊口，什么辛苦、寂寞，全成了浮云。

在澳门打工者中，到酒店工作的人最多。这既与当地酒店业用工需求大有关，也与酒店业福利待遇比较好密不可分。我曾看过这样一组数据，说截至2018年底，澳门的外来打工者有18万多人，其中，酒店及餐饮业最多，有5万多人。

从我个人的亲身经历看，在澳门工作，福利待遇还是不错的。先说工资收入，比内地同类企业要高些。再说吃与住，一般都管吃，住是给予一定比例的房屋补贴。

员工可以自行选择在澳门或邻近的珠海市居住，然后乘坐企业提供的通勤

辽宁日报
2019年10月2日 星期三

庆祝新中国成立70周年

辽宁彩车特别呈献

展翅腾飞

ZHANCHITENGFEI

权威解读 彩车揭秘 展翅腾飞

机器巨人

机器巨人既代表辽宁工业的最高水平，又象征顶天立地的辽宁人，寓意辽宁在全面振兴、全方位振兴的征程上，凤凰涅槃，重振雄风。

机器巨人高7米，身后的翅膀长度为6米，翼展为4.2米，拆装的零部件大大小小有200多个。制作采用新型材料，既达到了强度要求，又减轻了重量，保证了安全。同时，运用先进的航空铣切技术，使机器巨人整体线条美观流畅。

LED屏

彩车上装置的大型LED屏幕，由四部分组成，分别为机器巨人身上的翅膀显示屏，展示辽宁英模群像的旗帜形显示屏，安装于彩车尾部代表新中国第一炉钢水的曲面显示屏以及车身两侧用来呈现钢水喷溅效果的菱形显示屏。

齿轮组

齿轮组成“1000”的字样，代表辽宁创造了新中国的“1000多个第一”。齿轮转动，滚滚向前，是驱动辽宁工业永不止步的动力之源，象征辽宁创新实干、奋勇前进。

多视角呈现

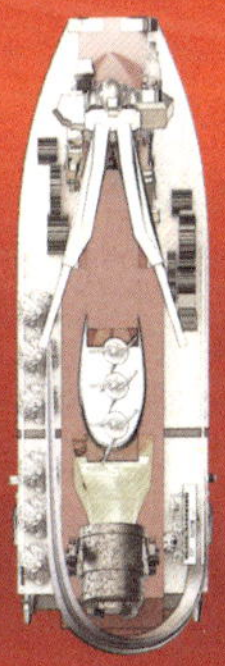

班车上下班。到年底的时候，也会有年底双薪，以及根据公司业绩发放奖金或花红等。根据澳门相关劳工法例规定，员工每年还可享有10天强制性公众假期，以及不低于6天的带薪年假。

别看澳门酒店业用工需求量大，但对员工的淘汰率也高。在工作中，你想混日子，那是绝对不可能的，只有玩命地工作。老板是让你一个人干两个人的活儿，你要想干出色，往往要一个人干三个人的活儿才行。总之，在澳门你付出多少汗水，就会收获多少回报。无论工资待遇，还是职级晋升，一切都是相对公平的。

在澳门，关于大湾区的讨论挺多，融入国家发展大局后，澳门的未来会变成什么样子，大家都很关心。我看新闻上说，粤港澳大湾区建设对澳门破解发展瓶颈，拓展发展空间，促进经济适度多元可持续发展，不断改善居住环境和民生福祉，都提供了新的重大机遇和平台。

我个人觉得，有了粤港澳大湾区建设的政策红利，未来澳门的发展速度会更快，工作机会也会更多。

前两天报纸上说，2019年上半年到澳门旅游的人数增加了30%，而且酒店房间非常抢手，往往要提前三四天预订才行。由此可见，澳门现在正处于发展的黄金期。对辽宁人而言，澳门到处充满了商机，就看你能不能抓住了。

最近我发现，来澳门工作的东北人越来越多，这其中辽宁人也为数不少。我相信老乡们都会成功的。

台湾
TAI
WAN

档案 近年来，辽宁出台相关政策，推动辽宁与台湾之间的经贸合作，支持台胞来辽就业创业，扩大两地文化交流，便利台胞在辽宁的居住生活。

时间 2019 年 8 月 24 日

地点 辽宁某宠物俱乐部

人物 林佩芬

嫁到沈阳
很幸福

坦白讲，当我和老公下定决心到沈阳时，身边好多朋友为我担心。他们说："东北可冷了，你能适应吗？那边饮食你能习惯吗？"不过我一点也不担心，因为我的另一半是沈阳人，有他在各方面照顾我，没有解决不了的困难。

我是2006年正式到沈阳工作的，那时候我还属于台湾公司外派工作人员。刚来的时候，一些本地员工对我非常热情，每天一见面，就问我有什么困难，让我心里热乎乎的。我很快完全适应了沈阳的气候、饮食，同时也取得非常不错的工作业绩。后来，我和老公在沈阳开了一家犬舍，主营柯基犬的繁殖和牵引比赛。

我比较喜欢安静，不怎么爱逛街、逛公园，所以沈阳的旅游景点去过的不多，但对沈阳故宫和张氏帅府印象深刻。尤其是沈阳故宫，一年四季都那么动人。有一次，沈阳刚下过大雪，我专门跑到沈阳故宫看雪景。我来沈阳不久，就专门去张氏帅府参观，近距离一睹昔日少帅府邸的风采。当我迈入这座近百年历史的古老建筑时，看着门廊间那典雅的彩绘，立即产生了一种回到过去的感觉。

每逢有台湾朋友来沈阳看我，我一定会带他们去沈阳故宫和张氏帅府转转，还会给他们介绍沈阳的工业文化。

定居沈阳之前，老公给我做过好几次小鸡炖蘑菇。老公说，这道菜是东北菜的代表，我也很爱吃，怎么吃都吃不够。老公看我这么爱吃，觉得带我回辽宁住，肯定不用担心饮食问题。

林佩芬

到了沈阳以后，我的胃口也变大了，除了小鸡炖蘑菇，还爱吃扒肉条、锅包肉等。再后来，烤串、火锅、麻辣烫、烧卖、羊汤、鸡架、抻面等，我也特别喜欢吃。老公常常说我，从吃这方面看，我是一个标准的辽宁人。

辽宁一年四季分明，这样的气候环境真挺好的，尤其是到了冬天，我总盼着下雪。下雪后整个城市白茫茫的一片，简直像画一样。

现在，我每年在沈阳住的时间在8至10个月左右。回台湾的时间少了，台湾的亲友见到我都说，看，辽宁的媳妇回来了。我建议他们有机会一定要到辽宁逛逛。辽宁不仅有许多好吃、好玩的地方，最主要的是辽宁人热情、豪爽、仗义，遇到外地人有困难时，辽宁人都会主动帮忙。我的亲身体验是，跟辽宁人在一起工作、生活、相处特别轻松，他们都是直来直去的人，有啥说啥，从来不会拐弯抹角的。

近些年来，辽宁与台湾之间的经贸、文化、教育等方面的交流频繁，再加上有了两岸直航，让我们往返两地方便了不少。

作为半个辽宁人，我发自内心地希望辽宁能越来越好。

第三章

展翅腾飞

| 写在前面 |

解读辽宁彩车“五大密码”

从天安门广场驶过的辽宁彩车，整体造型似一艘破浪乘风的巨轮，高度体现了70年来辽宁对共和国的非凡贡献，闪耀着光荣的底色，有力表达了4300万辽宁人在新时代展翅腾飞的凌云壮志，焕发出英豪的神采。这辆彩车，浓缩了时空，附丽着情感，隐含着密码。

彩车是历史。从钢包奔涌出的“新中国第一炉钢水”，到代表新兴产业和智能制造的大机器人，辽宁工业从2.0到4.0的伟大跨越，何其厚重，何等壮阔！

彩车是贡献。滚滚向前的齿轮组，象征辽宁为新中国贡献“1000多个全国第一”，那无私的支援、无畏的担当、无悔的奉献，正是“工业长子”的光彩定义。

彩车是精神。旗形屏幕次第闪现的雷锋、郭明义、罗阳等英模群像，如星空照耀崇德向善的辽沈大地，似烈鼓奏响奋发进取的时代长歌。

彩车是文化。银色彩带如蜿蜒千里的辽河，滋育了灿烂多姿的地域风情；小机器人和儿童的六手联弹，憧憬未来“人机和谐”的无限可能；悬空舞台上的芭蕾女孩，好像茫茫红海滩上曼舞轻飞的丹顶鹤，尽展辽宁文化之好、风物之美。

彩车是梦想。振翅阔步的大机器人，既代表辽宁装备制造的最高水平，又象征立地顶天的辽宁人，寓意辽宁在全面振兴、全方位振兴的征程上，凤凰涅槃，重振雄风。

辽宁彩车，从70年辉煌历史走过，向新时代美好明天前行。

权威解读　　彩车揭秘　　展翅腾飞

重

工业之“重”

第一炉钢水、滚滚向前的齿轮、高尖端的发动机、LED 屏幕显示的内容、插上翅膀的现代机器巨人，辽宁彩车的这些元素生动展现出辽宁从工业2.0到工业4.0的发展过程，艺术概括了辽宁70年来经济社会发展的辉煌成就。

1949 年 11.9 亿元、1952 年 45.3 亿元、1978年307.4亿元、1988年1112.4亿元、2005年 10814.5亿元、2018年 26066 亿元……这条工业产值的上升曲线，标注了辽宁工业不平凡的成长轨迹。

第一炉钢水、第一架喷气式歼击机、第一艘万吨巨轮、第一台大型起重机、第一台卧式镗床、第一台国内自主设计的蒸汽机车……新中国成立以来的千余个“第一”，彰显出辽宁工业卓越的贡献。

作为新中国工业摇篮，辽宁曾发挥不可替代的作用。“重”是当时工业结构的首要特点，也是时代赋予辽宁的神圣使命。

70年，辽宁工业的责任与担当始终未变；70年，辽宁工业的创新与发展不曾停歇。

当下，这里工业体系更加完备，联合国产业分类目录中列举的41个大类、191个中类、525个小类工业行业，九成左右在辽宁都能找到。产业结构逐步优化，2018年，规模以上高技术制造业增加值同比增长19.8%，高技术制造业投资同比增长8.2%；企业活力持续增强，2018年全省规模以上工业增加值增长9.8%，增速居全国第三位。

辽宁舰、蛟龙号、自主知识产权燃气轮机、全身扫描CT机、30万吨油轮、68吨自卸货车等一批批新“第一”成为辽宁工业新标签。

辽宁

新

产业之“新”

炫目的机器巨人，创意十足的人机合奏，还有串联辽宁涅槃巨变的大型LED屏展示内容，映衬出一个在创新驱动发展战略指引下走上高质量发展道路的新辽宁。

今天，从天空到地面，从水上到水下，从传统工业到新兴产业，出自辽宁的“大国重器”为“中国制造”增添着新的耀眼光芒。特别是党的十八大以来，全省科技要素不断集聚，创新动能加快成长，科技创新对经济发展的支撑引领

能力显著提升。新产业蓬勃发展。全省形成了以先进制造、新材料、电子信息、生物医药、现代交通等多领域协同推进的良好发展格局，成功开发出一批代表国内最高水平的拳头产品。

新平台加快建设。启动实施沈大自创区和高新区高质量发展“六大工程”，特色产业集群快速发展，沈大高新技术产业带建设稳步推进，“两核驱动、一带支撑、多点辐射”的发展格局正在形成。

新动能加快释放。坚持“大企业抓质量、中企业抓增量、小企业抓数量”，引导创新要素向企业集聚，保持了骨干龙头企业行业领跑地位，壮大了具有较强创新能力和竞争新优势的科技型企业。

新技术接续转化。着力构建完善科技成果转化服务体系，启动科技成果转化政策激励试点，全力推进科技成果使用、处置和收益分配“三权”改革，进一步激发了科研人员的创新活力。

好

文化之“好”

辽宁彩车上，文化元素异彩纷呈。

彩车中部的旗帜形 LED 屏幕次第闪现英模群像，包括雷锋、郭明义、罗阳、毛丰美等，生动诠释了辽沈大地英模辈出的独特文化现象，也集中体现了新时代辽宁奋发向上的社会氛围和辽宁人崇尚模范、举贤旌善的价值追求。彩车一侧，两个孩子与新松智能机器人合奏《我和我的祖国》，音乐跃动间，不仅表达出对智能时代人机和谐共享的憧憬，也奏响了辽宁文化蓬勃发展的动人乐章。

辽宁，文化底蕴深厚、风格多元、魅力独特。这里是地球上第一朵花盛开的地方，是世界上第一只鸟飞起的地方，是中华文明第一缕曙光升起的地方。红山文化是中华古文化的“直根

系”。三燕文化对南北朝时期北方各民族的分合产生了重大影响。辽金文化，腹心之地就在辽宁。清前文化，描绘今日中国版图的基本轮廓。还有抗战文化，是辽宁悲壮英勇的勋章。

英模文化是辽宁最鲜明的文化标签之一，它体现在辽宁人的日常行为中，融入在辽宁人的血脉基因里。新中国成立后，辽宁在各个时期都涌现出大量的英模人物，其涉及领域之广、持续时间之长、产生影响之大，在全国都不多见。党的十八大以来，习近平总书记对辽宁英模人物的事迹做出5次重要批示指示，特别是2018年9月28日考察辽宁期间在抚顺雷锋纪念馆发表重要讲话，对新时代学雷锋活动提出具体要求。总书记的殷切嘱托，是辽宁的无上光荣。

美

风物之“美”

彩车尾部，一条金属彩带凌空飞舞，象征辽宁的母亲河——辽河。彩带舒展，舞向彩车中央的巨型 LED 屏幕，屏幕上展现的是辽河入海处的茫茫红海滩，几只丹顶鹤掠过赤焰般的红，在海天相接处晕染出一幅绝美景象。彩车上，芭蕾舞演员正随鹤起舞。

这一精妙设计，使彩车更显灵动，创造性地呈现出一个天地澄和、风物闲美的辽宁。

风物之美，摄人心魄。辽宁日照充足，四季分明，生物多样，生态环境得天独厚。

这里有辽河、大凌河、太子河等大川纵横，医巫闾山、千山、凤凰山等名山巍峨，本溪水洞、盘锦红海滩、百万亩芦苇荡等胜景琳琅。

这里有故宫、永陵、福陵、昭陵、九门口长城、五女山山城等世界非物质文化遗产6处；锦州大佛寺、辽阳东京陵、抚顺赫图阿拉城、铁岭银冈书院、沈阳张氏帅府、丹东鸭绿江断桥等国家级重点文物保护单位128处。

这里有国家级非物质文化遗产67项，馆藏文物40余万件，可纵览华夏上下五千年。

这里有话剧、芭蕾、评剧、曲艺、音乐等各门类舞台艺术，二人转、鼓乐、大秧歌、高跷、剪纸等丰富的民间技艺，以及本溪辽砚、鞍山岫玉、阜新玛瑙、抚顺煤精等巧夺天工的艺术创造。

这里的美食也名扬天下，老边饺子、马家烧麦、海城馅饼……关东的烟火气“烹制”出痛快无拘的幸福生活。

辽宁的美，美得大气大方，美得精致精彩。

辽宁彩车
幕后全扫描

■ 省委、省政府对辽宁彩车项目高度重视，省委宣传部牵头负责。辽宁彩车的创作工作历时近半年，经历了从仲春到深秋，凝结了集体智慧，终于在天安门广场上完美呈现，向新中国七十华诞庄严献礼。《辽宁日报》报道团队全程跟踪采访，记录了辽宁彩车从创意到制作，再到运输、展示等多环节的幕后故事，在此为大家呈现。

通过彩车展现辽宁发展成就

从过去到现在，辽宁彩车展现了70年来辽宁经济社会振兴发展的辉煌成就和奋斗历程，是“辽宁制造”的完美呈现。

省委、省政府对辽宁彩车项目高度重视，省委宣传部牵头负责。“辽宁彩车，整体造型似一艘破浪乘风的巨轮，高度体现了70年来辽宁对共和国的非凡贡献，有力表达了4300万辽宁人在新时代展翅腾飞的凌云壮志。”省委宣传部文艺处处长王雪说。

谈起辽宁彩车的创意设计及制作过程，担任设计团队组长的鲁迅美术学院院长李象群透露，这是一个既紧迫又艰巨的任务，其间，集中了辽宁顶尖设计者的智慧，“初稿完成后又经历了多次修改，每位设计者都付出了大量心血，才有现在大家看到的辽宁彩车。”

辽宁彩车的整体设计用一艘巨轮作为主体，位于车头的机器巨人从头部到翅膀向后形成放射状，线条一直拉伸到船尾，钢包流出的钢水涌出后再向上过渡到旗帜形状的LED屏幕上，最后用一条彩带形成合围。李象群这样解读辽宁彩车的整体结构。

《辽宁日报》记者卢立业在北京采访辽宁彩车项目组

李象群专门强调了机器巨人的寓意。他说：“振翅阔步的机器巨人，既代表了辽宁装备制造的最高水平，又象征立地顶天的辽宁人，寓意辽宁在全面振兴、全方位振兴的征程上，凤凰涅槃，重振雄风。”

“我们设计的时候就在考虑，怎么能把钢水展示出来，并达到艺术效果，最终我们想到了用LED屏幕来进行艺术呈现。”辽宁省文化演艺集团（辽宁省公共文化服务中心）副主任张庆波说，LED屏幕的制作过程很难，设计团队与厂家数次开会研究，最终攻克了技术难题。

而对于LED屏幕上展示的内容，更是做了精心的策划和设计，钢水从钢包内流出，倾泻后反溅到旗帜形状的LED屏幕上，随后在红海滩的背景下，英模人物一个个闪现。此外，船头机器人的巨型翅膀上，星空的背景熠熠闪烁，再加上机器人身上的流线，炫动的科技感带来视觉的冲击。

机器巨人吸引众多目光

10月1日，在北京某宾馆里，沈阳飞机工业（集团）有限公司（沈飞集团）

为《辽宁日报》特刊制作彩车三维宣传片的《辽宁日报》视频编辑郑新煜，国庆当天在北京现场参与报道

的十多名员工挤在电视机前，当他们看见辽宁彩车平稳驶过天安门广场时，屋内一片欢呼。沈飞民品公司航空装配厂厂长、负责辽宁彩车装配工作的张连洪眼含热泪动情地说："为了这一刻，我们所有人的付出与努力，值了！"

说到辽宁彩车的最大亮点，莫过于飞翔的机器巨人。据悉，有机器人元素的地方彩车不超过五辆，其中就数辽宁彩车上的机器人体积最大、造型最漂亮。"当各地彩车集中到北京后，很多同行称赞我们辽宁的机器巨人，还打听是怎么造出来的。"沈飞集团工艺研究所主任工程师郑伟自豪地说。机器巨人夺人眼球，恰恰体现出辽宁工业不断自我超越的腾飞之势，也代表了辽宁航空制造、装备制造的最高水平。

不过，机器巨人也是辽宁彩车制作的最大难点。沈飞民品公司副总经理周伟介绍说，这个身高7米的大型机器人位于彩车前端，如果采用钢结构制作，体重将达五吨，车辆会因前重后轻而出现安全问题。

"为了解决这个问题，我们努力从制作工艺上突破难关。"周伟说，"我们利用新材料为机器人制造了'衣服'，将机器人总重量控制在两吨多。"从外观

北国网记者郭作新为《辽宁日报》特刊制作专题短片

看，机器巨人线条优美，霸气十足，将辽宁人的力与美展现得淋漓尽致。周伟表示：“其实机器巨人的外观造型，也是制作过程中的一个难点。我们采用先进的航空铣切技术，最终将机器巨人完美地呈现出来。”

机器巨人的制作难度大，装配难度同样不小。“到北京彩车村，彩车组装时间只有三天，光这个机器巨人的装配就要一天时间。”张连洪用略带沙哑的嗓音说，“最难的是组装翅膀，需要小心翼翼地对接每个部位，不能有一点偏差。”

为了保证辽宁彩车在10月1日平稳顺利地驶过天安门广场，沈飞集团派出了近20人的工作团队。张连洪告诉记者：“我们这支团队，很多人参加过新中国成立60周年庆典活动，论工作经验、技术能力都没问题，但年龄大多超过50岁了。尽管如此，没有一个人叫苦叫累。”

来北京很长时间了，所有人都说，想去天安门广场看升国旗仪式，但这个小小的愿望，只能在国庆节后实现了。

这是一项重要且光荣的任务

刘世昌是新松机器人自动化股份有限公司机器人部件研究中心主任，9月30日的夜晚，对他来说有些漫长。直到旭日初升，确认天空晴朗时，刘世昌一直悬着的心才稍稍放下来点儿。

这段日子，刘世昌每天都要实时查看北京的天气信息，还通过近年来国庆节期间的气温大数据分析晴雨表。“虽然我们对刮风下雨都做了预案，但晴天状态下机器人会发挥得更好。”刘世昌说。

当辽宁彩车驶过天安门时，看到彩车上机器人和两个小朋友默契配合，完美演奏出《我和我的祖国》，包括刘世昌在内的新松双臂协作机器人团队全体成员兴奋不已。

2019年5月初，新松接到一项非常特殊的任务——为辽宁彩车配备一个机器人，而且这个机器人要与两个小朋友一起表演。刘世昌参加工作近十年，第一次接到如此重要的任务，深感使命重大。不久，一支由28人组成的彩车双臂

八连版长卷特刊就是在这个小小的房间里设计出来的

（右一为美术编辑隋文锋，右二为美术编辑许科）

协作机器人团队正式组建。

刘世昌介绍说，本次参演的新松双臂协作机器人在外观设计上更符合“人”的形象。

作为国内最早研发出协作机器人的企业，新松在协作机器人身上使用了大量的人工智能技术，在机器人的感知、交互、运动控制等方面均处于业内领先水平，已在高端制造业实现了大批量应用。值得一提的是，这种协作机器人是一个“暖男”，不会对人类造成任何伤害。正是因为这样，它才具备了和孩子一起表演的必要条件。

虽然任务挑战大、工作强度高，但整个团队一直保持高昂的斗志。刘世昌说：“我们团队平均年龄为30岁，都是年轻人。他们虽然年纪轻，但很有责任心。这次参与辽宁彩车项目，大家都很有干劲儿。克服了各种困难，不断修改方案，做技术调整，目的就是要保证机器人的演出能够顺利进行。每个人都知道，这是一项重要而且十分光荣的任务。新中国成立70周年，国庆盛典举世瞩目，能够代表辽宁向全国人民展示高精尖科技成果，这样的机会多么珍贵和难得啊！”

“‘十一’期间，辽宁彩车还要参加静态展示，我们会继续做好工作，努力让机器人呈现出完美效果。”刘世昌充满信心地说。

展现最美、最优雅、最自信的辽宁

接到在辽宁彩车上表演芭蕾舞的任务时，辽宁芭蕾舞团正忙于原创舞剧《花木兰》的巡演日程。

“尽管时间非常紧张，但我们一刻也没有耽搁。”为了圆满完成彩车表演的重大任务，团长曲滋娇精心挑选了8名最优秀的演员，其中一名作为替补，迅速投入排演工作。

曲滋娇说：“我们设计了多个方案，经过反复推敲，最终方案包括飞翔的舞姿，表演过程中，演员的手和腿都向上昂扬，象征辽宁振兴发展、蓄势腾飞。”

今年15岁的张雒睿清和贾袁弘丽，都是辽宁芭蕾舞团附属芭蕾舞蹈学校的

《辽宁日报》记者贾知梅（左三）采访辽宁彩车的小演员和指导老师

学生。

张雒睿清说："这次能够入选我特别开心，感到特别光荣。因为我觉得，这会是一次很难忘的经历。"贾袁弘丽的心情是既紧张又期待，她说："第一次参加这么重要的活动，面对全国人民的目光，我们一定努力做到最好，展现辽宁最美、最优雅、最自信的一面。"

在行进的彩车上表演，对演员的稳定性是一大考验，尤其是立脚尖时不能有一丝晃动。为了保证脚尖能稳稳立住，在排练时芭蕾舞演员加大了强度，比真正演出时多坚持数十秒。

9岁的王苒溪、10岁的唐睿谦、11岁的张瀚朗和唐茂轩，是参与人机合奏环节的四名小演奏者。不过，正式巡游时只有一组（两个）孩子能登上彩车。

如果当天没有参加表演会不会感到遗憾？唐茂轩说："不会，因为不管最后演出的是不是我，我都是这个集体的一员。参加这次活动，我得到了锻炼，收获很大。而且，国庆期间在北京静态展示时，我们两组会轮流上彩车表演。"

担任人机合奏演出指导的是沈阳音乐学院电子管风琴系副教授尚方。为了确保演出成功，尚方花了不少心思。她说："我根据机器人的特点，给孩子们重新编排了曲谱。"

因为四个孩子从小练琴都是独奏，很少参与合奏，尚方领着孩子们一遍遍演练。

"孩子们练得很辛苦，对于10岁左右的小演奏者来说，能够随着音乐将爱祖国、爱家乡的情感自然表达出来，他们表现得十分出色。"尚方说。